DIANWANG QIYE FAPIAO GUANLI SHICAO JI YINAN WENTI CHUZHI

电网企业发票管理
实操及疑难问题处置

主　编　林世友

副主编　陈晋军　甘　悦　娄欣轩　魏志斌　张碧云

编　写　郑李键　王　瑜　郑超峰　林　晶　王妮佳

　　　　张诺莹　许凌燕　郑友谊　陈文洁　王隽岚

　　　　陈哲丰　翁　彦　黄昕昀　王　祯　余　璐

　　　　刘　茜　黄　莹　陈　静

中国电力出版社
CHINA ELECTRIC POWER PRESS

内 容 提 要

本书以电网企业涉票业务场景为梳理对象,以电力市场化改革背景下的新兴和特殊业务为突破口,以现行不同形态的发票全周期管理为主线,以涉票岗位人员关切问题为导向编写而成。本书包含发票全生命周期管理、开票业务管理规范、受票业务管理规范、发票系统操作说明、常见用票案例五部分内容,同时,正文后附有术语定义、政策法规、开票内容与税率对照简表、数电票样式、电子发票档案管理指引参考等内容。

本书可供电网企业财务人员使用,也可供电网企业其他员工阅读参考。

图书在版编目(CIP)数据

电网企业发票管理实操及疑难问题处置/林世友主编.—北京:中国电力出版社,2024.3
ISBN 978-7-5198-8753-7

Ⅰ.①电… Ⅱ.①林… Ⅲ.①电力工业-工业企业-发票-财务管理-中国 Ⅳ.①F426.61

中国国家版本馆 CIP 数据核字(2024)第 065325 号

出版发行:中国电力出版社
地 址:北京市东城区北京站西街 19 号(邮政编码 100005)
网 址:http://www.cepp.sgcc.com.cn
责任编辑:张 瑶
责任校对:黄 蓓 于 维
装帧设计:郝晓燕
责任印制:石 雷

印 刷:北京雁林吉兆印刷有限公司
版 次:2024 年 3 月第一版
印 次:2024 年 3 月北京第一次印刷
开 本:710 毫米×1000 毫米 16 开本
印 张:16.75
字 数:291 千字
定 价:68.00 元

前　言

近年来，我国电力体制、国资国企和税收征管领域改革持续深化，国家电网有限公司（简称国家电网公司）聚焦高质量发展和"双碳"目标，建设以新能源为主体的新型电力系统步伐不断加快。电力市场化改革、创建世界一流示范企业、发票电子化改革等外部要求与国家电网公司战略、国家电网公司"十四五"财务发展规划目标等内部需求，对电网企业发票管理工作提出新的要求。因此，亟须建立与之相适应的电网企业发票管理规范。在此背景下，国网福建省电力有限公司以涉票业务场景为梳理对象，以新兴和特殊业务为突破口，以不同形态的发票全周期管理为主线，以涉票岗位人员关切问题为导向，组织编写了《电网企业发票管理实操及疑难问题处置》。

本书包含发票全生命周期管理、开票业务管理规范、受票业务管理规范、发票系统操作说明、常见用票案例五部分内容：第1章以发票基本概念为发端，以不同形态发票的全生命周期管理为主线，对20个发票管理环节予以分别说明，重点解读纸电发票和数电票相较于传统纸质发票的差异点，并介绍电子会计凭证试点的发票部分内容；第2章对电网企业常见的33个开票业务场景管理要求，详细描述业务场景、业务流程、开具规则、风险防范等内容；第3章围绕电网企业常见的3类17个受票业务场景，具体明确票据类型、商品服务代码与名称、税率/征收率、审核要点等关键事项；第4章基于国家电网公司"业财税"信息化建设和国家"金税工程"应用成果，说明常见发票操作的系统、路径和步骤；第5章结合日常工作，归集并提炼关于发票开具和发票收取的38个涉税案例，指导发票实务工作合规开展。同时，本书还有术语定义、政策法规、开票内容与税率对照简表、数电票样式、电子发票档案管理指引参考5个附录。

本书力求体现以下特点：

（1）突出"提前量"，在发票全生命周期管理中引入"数电票"的规范要求。考虑到数电票即将在全国各省市推广，纸质专票和纸电发票逐步退出历史舞台的现状，本书结合试点省份的先行先试情况，对标签管理、授信额度、交付收取、发票冲红、业票关联、入账标记等新增概念和主要变化予以重点介绍，帮助读者准确把握发票电子化改革的核心内容。

（2）突出"沉浸式"，在具体的业务场景中体现发票管理要求。在电力市场化改革背景下，以业财协同视角，在场景中细化规范涉票流程、岗位职责、操作要点，对发票开具的主体、时点、形式、内容、审核、交付、备查等细节要素充分列示。

（3）突出"可用性"，本书内容编写贴近实务，强调可理解性、可操作性和可推广性。为使大家更好掌握相关内容，本书一方面以图文并茂方式说明涉票业务的系统操作步骤；另一方面引入图例、表格、案例、法规汇编等形式，帮助读者深入理解发票管理要求，及时了解税收政策执行口径，规避同类企业高发问题。

限于时间和水平，本书内容难免存有疏漏之处，敬请广大读者批评指正。

编者
2024 年 3 月

目　录

1　发票全生命周期管理

发票是确定经济收支行为发生的法定凭证，是企业开展会计核算和税费申报的原始依据，是税务机关开展税收征管的重要抓手。供电公司发生应税销售行为，应合规开具增值税发票。

1.1　发　票　概　述

1.1.1　发票定义

根据《中华人民共和国发票管理办法》（简称《发票管理办法》）第三条的规定，发票是指在购销商品、提供或者接受服务以及从事其他经营活动中，开具、收取的收付款凭证。在中华人民共和国境内印刷、领购、开具、取得、保管、缴销发票的单位和个人，必须遵守《发票管理办法》的规定。

1.1.2　发票种类❶

一、增值税专用发票

增值税专用发票现拥有纸质和电子两种形式，两者的法律效力、基本用途、基本使用规定相同。

增值税纸质专用发票（简称纸质专票）分为基本联次（三联版）和基本联次附加其他联次（六联版）两种。基本联次为三联：第一联为记账联，是销售方的记账凭证；第二联为抵扣联，是购买方的扣税凭证；第三联为发票联，是购买方的记账凭证。其他联次用途，由纳税人自行确定。

---

❶　部分内容摘自《国家税务总局货物和劳务税司关于做好增值税发票使用宣传辅导有关工作的通知》（税总货便函〔2017〕127 号）附件《增值税发票开具指南》。

增值税电子专用发票（简称电子专票）自 2020 年 12 月起在全国新设立登记的纳税人群体中实行❶。电子专票在全国范围内皆可被接收使用。电子专票采用电子签名代替发票专用章，不再区分联次。

二、增值税普通发票

增值税普通发票包括增值税普通发票（折叠票）、增值税普通发票（卷票）、增值税电子普通发票和收费公路通行费增值税电子普通发票。

1. 增值税普通发票（折叠票）

增值税普通发票（折叠票）为纸质形式，分为基本联次（两联版）和基本联次附加其他联次（五联版）两种。基本联次为两联：第一联为记账联，是销售方的记账凭证；第二联为发票联，是购买方的记账凭证。其他联次用途，由纳税人自行确定。

2. 增值税普通发票（卷票）

增值税普通发票（卷票）为纸质形式，分为 57mm×177.8mm 和 76mm×177.8mm 两种规格，均为单联。

3. 增值税电子普通发票

增值税电子普通发票的法律效力、基本用途、基本使用规定等与增值税纸质普通发票相同。开票方和受票方需要纸质发票的，可以自行打印增值税电子普通发票的版式文件。

4. 收费公路通行费增值税电子普通发票❷

收费公路通行费电子发票的开具对象为办理 ETC 卡的客户，分为两种：一是左上角标识"通行费"字样，且税率栏次显示适用税率或征收率的通行费电子发票；二是左上角无"通行费"字样，且税率栏次显示"不征税"的通行费电子发票。

增值税电子普通发票和收费公路通行费增值税电子普通发票（以下合并简称为电子普票）采用电子签名代替发票专用章，不再区分联次。

三、机动车销售统一发票

从事机动车零售业务的单位和个人，在销售机动车（不包括销售旧机动车）收取款项时，开具机动车销售统一发票。机动车销售统一发票为电脑六联式发票：第一联为发票联，是购货单位的付款凭证；第二联为抵扣联，是购货

---

❶ 部分开展数电票试点的省份已明确新办纳税人只能使用数电票，不再核定电子专票。

❷ 《交通运输部 财政部 国家税务总局 国家档案局关于收费公路通行费电子票据开具汇总等有关事项的公告》（交通运输部公告 2020 年第 24 号）

单位的扣税凭证；第三联为报税联，车购税征收单位留存；第四联为注册登记联，车辆登记单位留存；第五联为记账联，是销货单位的记账凭证；第六联为存根联，销货单位留存。

四、二手车销售统一发票

自 2018 年 4 月 1 日起，二手车交易市场、二手车经销企业、经纪机构和拍卖企业通过增值税发票开票软件开具二手车销售统一发票。二手车销售统一发票"车价合计"栏次仅注明车辆价款。二手车交易市场、二手车经销企业、经纪机构和拍卖企业在办理过户手续过程中收取的其他费用，应当单独开具增值税专用发票或增值税普通发票。

五、数电票

全面数字化的电子发票（简称数电票）是与纸质发票具有同等法律效力的全新发票，不以纸质形式存在，不用介质支撑，不再需要发票份数核定、最高开票限额审核、空白发票请领、发票验旧、发票缴销等操作。数电票是对纸质发票所载信息的全面数字化，将多个票种归并为"数电票"单一票种。数电票实行全国统一赋码、自动流转交付。与电子专票和电子普票一样，数电票不再区分联次。从纸质发票、纸电发票❶到数电票的演进过程见图 1-1。

纸质发票	纸电发票	数电票
• 采用高标准的防伪技术印制 • 以纸质形式存在 • 具有固定版面、格式 • 由国家统一定版发行 • 统一 数字编号 • 制式发票	• 将纸质发票票面电子化 • 基于现形纸质发票样式和管理流程 • OFD 格式 • 是纸质发票的电子影像和电子记录	• 具有同等法律效力的全新发票 • 去版式、去介质、不需领用 • 票面信息全面数字化

图 1-1 从纸质发票、纸电发票到数电票的演进

数电票具有去介质、去版式、标签化、要素化、授信制、赋码制等六大特征。

（1）去介质。纳税人不再需要预先领取专用税控设备。

---

❶ 纸电发票，是指通过增值税发票管理系统开具的增值税电子专用发票和增值税电子普通发票，纸电发票与数电票存在较大差异。

（2）去版式。以数据电文形式交付，破除 PDF、OFD 等特定版式要求。

（3）标签化。通过标签实现对数电票功能、状态、用途的具体分类。

（4）要素化。发票要素是发票记载的具体内容，包括基本要素（46 个）、特定要素（107 个）与附加要素（2 个）；支持企业自定义要素，如合同编号、订单号、发货号、凭证号、利润中心等。

（5）授信制。依托税务机关的动态"信用 + 风险"监管体系，结合纳税人生产经营情况、开票和申报行为，自动为纳税人赋予并动态调整可开具发票的总金额（即信用额度），实行"以系统授信为主，人工调整为辅"的授信制管理。

（6）赋码制。在发票开具时系统自动赋予唯一编码（20 位）。

截至 2023 年 4 月 30 日，已试点数电票开具的省、市（按启动时间先后）为广东省（不含深圳）、上海市、内蒙古自治区、四川省、厦门市、陕西省、天津市、重庆市、大连市、青岛市、河南省、吉林省、福建省、云南省、深圳市、宁波市、山西省、辽宁省、江苏省、浙江省、江西省、海南省、甘肃省、广西壮族自治区。与此同时，数电票的受票范围已覆盖全国。

1.1.3 发票全生命周期

无论是纸质发票还是纸电发票和数电票，发票管理均呈现出环环相扣的链条特征。因此，本书引入"发票全生命周期"概念，帮助读者全面掌握发票管理规范。

以纸质发票为例，发票全生命周期管理涵盖开票子流程和用票子流程。其中，开票子流程包括发票核定、增值税专用发票最高开票限额审批、增值税税控系统专用设备初始发行、发票领用和分发、空白发票收回与调拨、发票开具与交付、发票作废、抄报税、发票验旧、发票冲红、增值税税控系统专用设备变更发行、发票缴销、增值税税控系统专用设备注销发行（见图 1-2）；用票子流程包括发票收取和验真、发票审核、业票关联、发票入账、发票用途确认、发票丢失和发票归档等环节（见图 1-3）。

由于纸电发票无实物形态，具有可复制性、无法回收的特点，故不存在发票作废和发票丢失场景。在此背景下，纸电发票的开票全流程见图 1-4，用票全流程见图 1-5。

数电票以标签管理取代票种核定，减轻税企双方管理负担；以授信额度取代最高开票限额和领用份数，以实名认证摆脱发票开具对税控专用设备的依

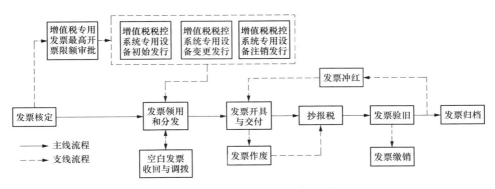

图 1-2　纸质发票开具全流程环节

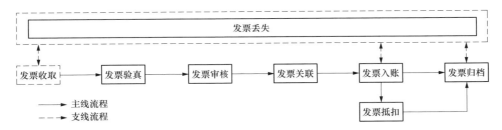

图 1-3　纸质发票使用全流程环节

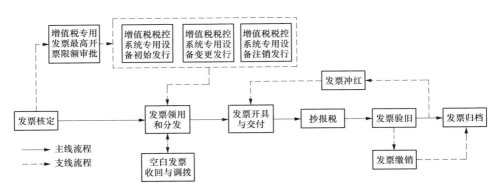

图 1-4　纸电发票开具全流程环节

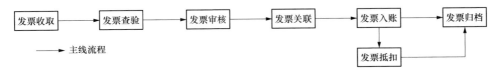

图 1-5　纸电发票使用全流程环节

赖，以自动赋码取代空白发票管理，省去发票领用、分发、调拨、验旧、缴销等操作和最高开票限额审批；以发票在线开具，免除抄报税操作；以非实物形态，取消原有发票作废和发票丢失场景；以税企接口全面开放，实现大型企业发票操作的批量化和自动化。在此背景下，数电票的开票全流程见图 1-6，用票全流程见图 1-7。

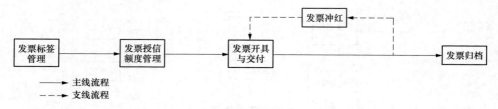

图 1-6　数电票开具全流程环节

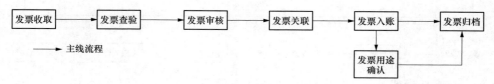

图 1-7　数电票使用全流程环节

数电票的全生命周期管理较纸质发票和纸电发票存在较大差异。不同形态发票全生命周期管理差异见表 1-1。

表 1-1　　　　　　　　**不同形态发票全生命周期管理差异**

全生命周期管理环节	纸质发票	纸电发票	数电票
发票核定	存在	存在	以标签管理取代
专票最高开票限额审批	存在	存在	以授信额度取代
税控设备初始发行	存在	存在	大部分企业无需使用税控设备
空白发票领用和分发	存在	存在	由于自动赋码，无该场景
空白发票收回与调拨	存在	存在	由于自动赋码，无该场景
发票开具与交付	以实物发票交付	以版式文件交付	以电子文件交付

续表

全生命周期 管理环节	纸质发票	纸电发票	数电票
发票作废	存在	由于在线开具和无纸化交付，无该场景	由于在线开具和无纸化交付，无该场景
抄报税	存在	存在	由于在线开具和自动赋码，无该场景
发票验旧	存在	存在	由于自动赋码，无该场景
发票冲红	存在	存在	存在
税控设备变更发行	存在	存在	大部分企业无需使用税控设备
发票缴销	存在	存在	由于自动赋码，无该场景
税控设备注销发行	存在	存在	大部分企业无需使用税控设备
发票查验	只需要验真	由于非实物交付，除验真外还要防范发票重复入账	由于非实物交付，除验真外还要防范发票重复入账
发票审核	存在	存在	存在
业票关联	存在	存在	存在，随着引入企业自定义要素，业票关联更加便捷
发票入账	存在	存在	存在，目前入账状态并非强制维护和报送信息
发票抵扣	存在	存在	存在
发票丢失	存在	由于非实物交付，无该场景	由于非实物交付，无该场景
发票归档	存在	存在，遵照电子会计凭证试点的业务规范和推进节奏	存在，遵照电子会计凭证试点的业务规范和推进节奏

1.2 纸质发票全生命周期管理环节

1.2.1 纸质发票核定❶

一、业务描述及流程

企业办理税务登记后使用纸质发票的，需先向主管税务机关申请办理发票领用。作为发票领用的前置环节，主管税务机关基于企业的用票需求，结合申

---

❶ 部分开展数电票试点的省份已明确新办纳税人只能使用数电票，故不再核定纸质发票。

请单位的经营范围和规模大小，对企业可用纸质发票的种类、数量、最高开票限额（不含增值税专用发票）等事项予以确认。

对已办理发票核定的企业，若纸质发票的种类、数量、最高开票限额（增值税专用发票除外）不能满足生产经营需要的，可向主管税务机关提出调整申请。

纸质发票的核定流程见图 1-8，有关操作步骤的内容描述、部门岗位、输出物和风险防控点见表 1-2。

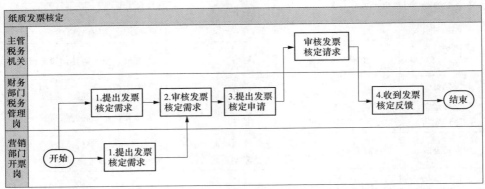

图 1-8　纸质发票核定流程

表 1-2　　　　　　　　　　　纸质发票核定流程各步骤说明

步骤名称	步骤描述	部门岗位	输出物	风险防控点
1. 提出发票核定需求	根据本单位的业务开展需要，对发票的种类、数量、最高开票限额提出调整申请。电费业务：营销部门开票岗提出发票核定需求；非电业务：财务部门税务管理岗提出发票核定需求	营销部门/开票岗财务部门/税务管理岗	发票核定需求	
2. 审核发票核定需求	归集各方发票核定需求，评判现有发票核定是否可满足	财务部门/税务管理岗	发票核定需求	
3. 提出发票核定申请	通过办税服务厅/电子税务局，提交发票核定申请	财务部门/税务管理岗	发票核定申请	
4. 收到发票核定反馈	通过办税服务厅/电子税务局，接收发票核定申请反馈结果	财务部门/税务管理岗	发票票种核定通知发票领用簿	

二、法规制度

《发票管理办法》第十五条规定：需要领购发票的单位和个人，应当持税务登记证件、经办人身份证明、按照国务院税务主管部门规定式样制作的发票专用章的印模，向主管税务机关办理发票领购手续。主管税务机关根据领购单位和个人的经营范围和规模，确认领购发票的种类、数量以及领购方式，在5个工作日内发给发票领购簿。单位和个人领购发票时，应当按照税务机关的规定报告发票使用情况，税务机关应当按照规定进行查验。

三、涉税事项❶办理规定

【办理材料】

办理纸质发票核定所需的材料见表1-3。

表 1-3   纸质发票核定办理材料清单

序号	材料名称	数量	备注
1	《纳税人领用发票票种核定表》	1 份	
2	含有统一社会信用代码的营业执照或登记证件原件		查验后退回
3	发票专用章印模		首次办理需要
4	经办人身份证明原件		查验后退回

【办理时间】

税务机关承诺5个工作日内办结（不涉及增值税专用发票最高开票限额的审批）。

四、注意事项

（1）各公司需要依照税务机关规定，为办税人员进行实名信息验证。经过实名信息验证的办税人员，不再需要提供登记证件和身份证件复印件等资料。

（2）文书表单可在省（自治区、直辖市和计划单列市）税务局网站"下载中心"栏目查询下载或到办税服务厅领取。

（3）办理资料中可使用符合电子签名法规定条件的电子签名，该签名与手写签名或者盖章具有同等法律效力。

（4）领用增值税专用发票的增值税一般纳税人和纳入自行开具增值税专用发票范围的增值税小规模纳税人，在完成票种核定后，还需办理增值税专用发票最高开票限额审批事项。

1.2.2 增值税纸质专用发票最高开票限额审批

一、业务描述及流程

纳税人在初次申请使用增值税纸质专用发票及变更增值税纸质专用发票最

---

❶ 涉税事项，是指需要向税务机关申请办理的事项。

高开票限额时，需向主管税务机关申请办理增值税专用发票最高开票限额审批（该审批事项为行政许可事项）。

纸质发票的增值税专用发票最高开票限额审批的流程见图 1-9，有关操作步骤的内容描述、部门岗位、输出物和风险防控点见表 1-4。

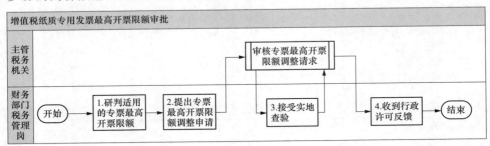

图 1-9　增值税纸质专用发票最高开票限额审批流程

表 1-4　　　增值税纸质专用发票最高开票限额审批流程各步骤说明

步骤名称	步骤描述	部门岗位	输出物	风险防控点
1. 研判适用的专票最高开票限额	根据本单位经营业务和开票规模，结合增值税专用发票核定份数，财务部门税务管理岗研判拟申请的增值税专用发票最高开票限额	财务部门/税务管理岗	拟申请的增值税专用发票最高开票限额	
2. 提交专票最高开票限额调整申请	经办税服务厅/电子税务局发起增值税专用发票最高开票限额审批流程	财务部门/税务管理岗	税务行政许可受理通知书	
3. 接受实地查验	协调安排税务机关实地查验工作	财务部门/税务管理岗		10 万元以下的审批无需实地查验
4. 收到行政许可反馈	通过办税服务厅/电子税务局，接收增值税专用发票最高开票限额审批的税务行政许可决定	财务部门/税务管理岗	税务行政许可决定	

二、法规制度

《国务院对确需保留的行政审批项目设定行政许可的决定》附件第 236 项明确，项目名称为"增值税防伪税控系统最高开票限额审批"，实施机关为"县以上税务机关"。

三、涉税事项办理规定

【办理材料】

办理增值税纸质专用发票最高开票限额审批所需的材料见表 1-5。

表 1-5　　　　增值税纸质专用发票最高开票限额审批办理材料清单

序号	材料名称	数量	备注
1	《税务行政许可申请表》	1 份	
2	《增值税专用发票最高开票限额申请单》	2 份	
3	经办人身份证件		查验后退回
4	代理委托书	1 份	委托代理人提出申请
5	代理人身份证件		委托代理人提出申请查验后退回

【办理时间】

对于增值税专用发票最高开票限额审批事项，在 20 个工作日内办结❶；对 20 个工作日内无法作出决定的，经决定机构负责人批准可以延长 10 个工作日。

四、注意事项

办理该事项前需先完成"纸质发票核定"。

1.2.3　纸质发票增值税税控系统专用设备初始发行

一、业务描述及流程

企业初次使用或重新领购增值税税控系统专用设备开具发票前，需由税务机关对增值税税控系统专用设备进行发行，并将开票所需的各种信息载入增值税税控系统专用设备。

纸质发票的增值税税控系统专用设备初始发行流程见图 1-10，有关操作步

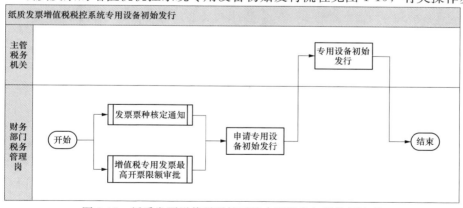

图 1-10　纸质发票增值税税控系统专用设备初始发行流程

---

❶ 《国家税务总局关于进一步明确营改增有关征管问题的公告》（国家税务总局公告 2017 年第 11 号）第八条规定：实行实名办税的地区，已由税务机关现场采集法定代表人（业主、负责人）实名信息的纳税人，申请增值税专用发票最高开票限额不超过十万元的，主管国税机关应自受理申请之日起 2 个工作日内办结，有条件的主管国税机关即时办结。即时办结的，直接出具和送达《准予税务行政许可决定书》，不再出具《税务行政许可受理通知书》。

骤的内容描述、部门岗位、输出物和风险防控点见表 1-6。

表 1-6 纸质发票增值税税控系统专用设备初始发行流程各步骤说明

步骤名称	步骤描述	部门岗位	输出物	风险防控点
申请专用设备初始发行	凭发票票种核定通知和增值税专用发票最高开票限额审批结果，向税务机关提请安装增值税税控系统，并在金税盘（税控盘）、报税盘及数据库中添加发票核定信息	财务部门/税务管理岗	增值税税控系统安装使用告知书	

二、法规制度

《中华人民共和国税收征收管理法》第二十三条规定：国家根据税收征收管理的需要，积极推广使用税控装置。纳税人应当按照规定安装、使用税控装置，不得损毁或者擅自改动税控装置。

《国家税务总局关于修订〈增值税专用发票使用规定〉的通知》（国税发〔2006〕156 号）第三条规定：一般纳税人应通过增值税防伪税控系统（以下简称"防伪税控系统"）使用专用发票。使用，包括领购、开具、缴销、认证纸质专用发票及其相应的数据电文。

《国家税务总局关于全面推行增值税发票系统升级版有关问题的公告》（国家税务总局公告 2015 年第 19 号）明确：增值税发票系统升级版纳税人端税控设备包括金税盘和税控盘（以下统称专用设备）。专用设备均可开具增值税专用发票、货物运输业增值税专用发票、增值税普通发票和机动车销售统一发票。

三、涉税事项办理规定

【办理材料】

办理纸质发票增值税税控系统专用设备初始发行所需的材料见表 1-7。

表 1-7 纸质发票增值税税控系统专用设备初始发行办理材料清单

序号	材料名称	数量	备注
1	金税盘（税控盘）、报税盘		根据领购的税控系统专用设备报送
2	经办人身份证件原件		查验后退回
3	《税务事项通知书》（发票票种核定通知）或《准予税务行政许可决定书》	1 份	查验后退回

【办理时间】

税务机关承诺即时办结。

四、注意事项

（1）税务机关会向企业发放《增值税税控系统安装使用告知书》（简称《使用告知书》），告知纳税人有关政策规定和享有的权利。服务单位凭《使用告知书》向纳税人销售专用设备，提供售后服务。

（2）纳税人办理初始发行后，可携带相关资料领取增值税发票。

（3）纳税人取得由服务单位开具的增值税税控系统专用设备销售发票（初次购买）以及相关的技术维护费发票，可按政策规定以发票价税合计全额抵减增值税；不足抵减的，可结转至下期继续抵减。

（4）当税控盘、金税盘、报税盘等税控专用设备发生丢失、被盗等情况时，营销部门开票岗等税控专用设备使用人员应在第一时间通知公司财务部门，财务部门税务管理岗及时向主管税务机关报告。

1.2.4 纸质发票领用和分发

一、业务描述及流程

纸质发票领用，是指各公司财务部门依照发票核定结果，在完成纸质发票验旧（如有）后，根据当月购票计划向税务机关领用空白纸质发票，并在成功收到空白纸质发票的电子号段和实物后，根据开票终端报送的用票计划分发空白发票。

以供电公司为例，电费业务的用票计划由营销部门制定，非电业务的用票计划由财务部门制定。

纸质发票的领用和分发流程见图1-11，有关操作步骤的内容描述、部门岗位、输出物和风险防控点见表1-8。

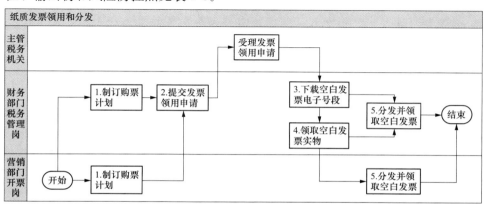

图1-11 纸质发票领用和分发流程

表 1-8　　　　　　　　　　　纸质发票领用和分发流程各步骤说明

步骤名称	步骤描述	部门岗位	输出物	风险防控点
1. 制订购票计划	电费业务：根据营销系统历史用票情况自动生成当月发票建议领用量，营销部门开票岗在此基础上结合实际需求调整，形成电费业务发票领用计划，并提交至财务部门税务管理岗。 非电业务：财务部门税务管理岗编制填报非电业务当月发票领用计划	营销部门/开票岗，财务部门/税务管理岗	发票领用计划	当发票申请数量超过上月与去年同期开票量孰大值的 3 倍时提醒当事人
2. 提交发票领用申请	归集本单位发票领用计划，在电子税务局提交本单位当月发票领用申请，选取空白发票领取方式	财务部门/税务管理岗	发票领用申请	提交的发票领用申请不得超过税务机关已核定份数和当前可领用份数
3. 下载空白发票电子号段	在发票领用申请获批后，通过增值税税控系统下载空白发票电子号段	财务部门/税务管理岗	空白发票电子号段	
4. 领取空白发票实物	在发票领用申请获批后，前往现场或收取快递方式领取空白发票	财务部门/税务管理岗	空白发票实物	
5. 分发并领取空白发票	将空白发票实物与电子号段按照开票终端报送的发票领用计划进行分发，营销部门开票岗领取空白发票	营销部门/开票岗，财务部门/税务管理岗	空白发票实物和电子号段	领票人需在发票登记簿上确认

二、法规制度

《发票管理办法》第十五条规定：需要领购发票的单位和个人，应当持税务登记证件、经办人身份证明、按照国务院税务主管部门规定式样制作的发票专用章的印模，向主管税务机关办理发票领购手续。

《国家税务总局关于修订〈增值税专用发票使用规定〉的通知》（国税发〔2006〕156 号）第七条规定：一般纳税人凭《发票领购簿》、IC 卡和经办人身份证明领购专用发票。

三、涉税事项办理规定

【办理材料】

办理纸质发票领用所需的材料见表 1-9。

表 1-9 纸质发票领用办理材料清单

序号	材料名称	数量	备注
1	经办人身份证件原件	1 份	查验后退回
2	金税盘（税控盘）、报税盘、税务 Ukey		通过网上领用可不携带相关设备

【办理时间】

税务机关承诺即时办结。

四、注意事项

（1）纳税信用 A 级纳税人可一次领取不超过 3 个月的增值税发票用量。纳税信用 B 级纳税人可一次领取不超过 2 个月的增值税发票用量。

（2）开票终端开票人在领取发票后，应认真核对领取的发票实物与增值税税控系统中的发票号段，确保没有串号、遗漏等异常情况。

（3）纸质发票不得跨省、直辖市、自治区使用。发票限于领购单位在本省、自治区、直辖市内开具。发票领购单位未经批准不得跨区域携带、邮寄、运输空白发票，禁止携带、邮寄或者运输空白发票出入境。

（4）向财务部门报送的增值税发票用票计划应包括以下内容：申请部门、申请票种、申请份数、当前结存份数等信息。

（5）财务部门从税务机关领取空白发票后，应建立增值税发票管理台账，台账维护的信息包括但不限于空白发票入库份数、空白发票起讫号码、开票终端序号、开票终端已领用发票份数及其起讫号码、开票终端已验旧发票份数及其起讫号码、开票终端已作废发票份数及其发票代码号码。

（6）供电公司营销部门自财务部门申领空白发票时，应在增值税发票领用登记簿（见表 1-10）上登记发票领用信息并签字确认。

表 1-10 增值税发票领用登记簿

序号	发票类型	发票号码（起）	发票号码（止）	申领日期	申领部门	申领人签字	复核人签字

（7）各级单位对于纸质发票和相关税控设备的保管应视同现金保管，收款人员不得兼任增值税专用发票的保管和开具工作，未经授权的人员不得经办相关发票业务。

1.2.5 空白纸质发票收回与调拨

空白纸质发票收回与调拨，是指财务部门自税务机关领用纸质发票后，为应对出现的空白发票短缺问题，在开票终端之间进行空白纸质发票的收回或调拨操作。

财务部门税务管理岗在日常工作中，应持续关注开票终端的空白发票库存量，在存余票量紧张和宽裕的开票终端之间建立调拨机制。

空白纸质发票的收回与调拨流程见图1-12，有关操作步骤的内容描述、部门岗位、输出物和风险防控点见表1-11。

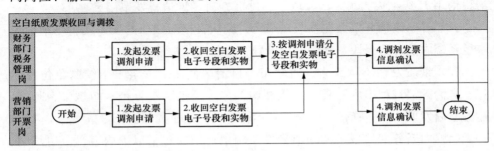

图 1-12　空白纸质发票收回与调拨流程

表 1-11　　　　空白纸质发票收回与调拨流程各步骤说明

步骤名称	步骤描述	部门岗位	输出物	风险防控点
1. 发起发票调剂申请	开票终端开票人员向财务部门税务管理岗发起发票调剂申请	营销部门/开票岗，财务部门/税务管理岗	发票调剂申请	
2. 收回空白发票电子号段和实物	财务部门税务管理岗查看各开票终端空白发票库存余量，营销部门开票岗配合将可调剂的空白发票电子号段收回至总盘，同步收回空白发票实物	营销部门/开票岗，财务部门/税务管理岗	空白发票实物和电子号段发票调剂表	
3. 按调剂申请分发空白发票电子号段和实物	财务部门税务管理岗将已收回的空白发票电子号段调剂至申请终端，同步转移空白发票实物	财务部门/税务管理岗	空白发票实物和电子号段	
4. 调剂发票信息确认	完成发票收回与调剂后，调剂双方在增值税发票领用登记簿上签字确认	营销部门/开票岗，财务部门/税务管理岗	增值税发票领用登记簿	调剂双方均需在发票登记簿上电子确认

1.2.6 纸质发票开具与交付

一、业务描述及流程

纸质发票开具，是指为服务会计核算和开展税收管理需要，由收款方向付款方开具证明销售商品、提供服务以及从事其他经营活动发生的纸质凭证。在特殊情况下，可由付款方向收款方开具发票。

对供电业务，由营销系统依据电费发行数据自动生成待开票交易记录，在用户提出开票申请后，由营销部门开票岗在营销系统中选取相应交易记录开票。

供电业务的纸质发票开具流程见图1-13，有关操作步骤的内容描述、部门岗位、输出物和风险防控点见表1-12。

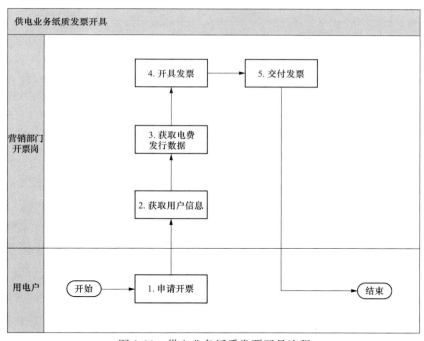

图 1-13　供电业务纸质发票开具流程

表 1-12　　　　供电业务纸质发票开具流程各步骤说明

步骤名称	步骤描述	部门岗位	输出物	风险防控点
1. 申请开票	通过营业厅或应用软件发起开票申请	用电户		
2. 获取用户信息	通过营销系统，获取用电户开票所需的基本信息	营销部门/开票岗	用户基本信息	用电户基本信息不全时，需补充完整后方可开具发票

17

续表

步骤名称	步骤描述	部门岗位	输出物	风险防控点
3. 获取电费发行数据	通过营销系统，获取用户申请待开票电费发行记录	营销部门/开票岗	发票开具信息	（1）税收分类编码及对应税率按内置规则生成。 （2）除作废、冲红外，电费发行记录应只能开票一次
4. 开具发票	根据营销系统获取的用户基本信息和电费发行记录，经确认无误后，生成并开具发票	营销部门/开票岗	纸质发票	（1）不得在缺少待开票交易记录的情况下直接开具发票。 （2）对增值税小规模纳税人不得开具增值税专用发票
5. 交付发票	通过当面或邮寄方式，向开票申请人交付已开具发票	营销部门/开票岗	纸质发票发票签收簿	

对于非电业务，通常由业务部门人员提出开票申请，财务部门在收到开票申请并确认后，完成发票开具。

非电业务的纸质发票开具流程见图1-14，有关操作步骤的内容描述、部门岗位、输出物和风险防控点见表1-13。

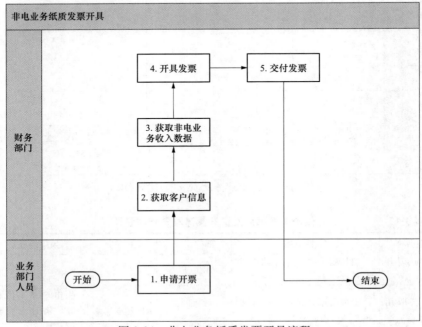

图1-14 非电业务纸质发票开具流程

表 1-13 非电业务纸质发票开具流程各步骤说明

步骤名称	步骤描述	部门岗位	输出物	风险防控点
1. 申请开票	向税务管理岗提出开票请求	业务部门人员	开票请求	
2. 获取客户信息	获取客户开票所需基本信息	财务部门	客户基本信息	客户基本信息不全时,需补充完整后方可开具发票
3. 获取非电业务收入数据	获取待开票的非电业务收入	财务部门	发票开具信息	(1)税收分类编码及对应税率按内置规则生成。(2)除作废、冲红外,非电业务收入记录应只能开票一次
4. 开具发票	根据已获取的客户基本信息和非电业务收入,生成并开具发票	财务部门	纸质发票	(1)不得在缺少待开票交易记录的情况下直接开具发票。(2)对增值税小规模纳税人不得开具增值税专用发票
5. 交付发票	领取已打印发票并签收	业务部门人员	纸质发票 发票签收簿	

二、法规制度

《发票管理办法》第十九条规定:销售商品、提供服务以及从事其他经营活动的单位和个人,对外发生经营业务收取款项,收款方应当向付款方开具发票;特殊情况下,由付款方向收款方开具发票。

《发票管理办法》第二十二条规定:开具发票应当按照规定的时限、顺序、栏目,全部联次一次性如实开具,并加盖发票专用章。

《中华人民共和国发票管理办法实施细则》(简称《发票管理办法实施细则》)第二十六条规定:填开发票的单位和个人必须在发生经营业务确认营业收入时开具发票。未发生经营业务一律不准开具发票。❶

---

❶《国家税务总局关于增值税发票管理若干事项的公告》(国家税务总局公告 2017 年第 45 号)第一条规定:自 2018 年 1 月 1 日起,纳税人通过增值税发票管理新系统开具增值税发票(包括增值税专用发票、增值税普通发票、增值税电子普通发票)时,商品和服务税收分类编码对应的简称会自动显示并打印在发票票面"货物或应税劳务、服务名称"或"项目"栏次中。包含简称的《商品和服务税收分类编码表》见附件。《商品和服务税收分类编码表》中以"6"开头的税收分类编码并不代表增值税纳税义务的发生。

《国家税务总局货物和劳务税司关于做好增值税发票使用宣传辅导有关工作的通知》（税总货便函〔2017〕127号）附件《增值税发票开具指南》第二章第一节第十一条规定：属于下列情形之一的，不得开具增值税专用发票：

（一）向消费者个人销售货物、提供应税劳务或者发生应税行为的；

（二）销售货物、提供应税劳务或者发生应税行为适用增值税免税规定的，法律、法规及国家税务总局另有规定的除外；

（三）部分适用增值税简易征收政策规定的：

1. 增值税一般纳税人的单采血浆站销售非临床用人体血液选择简易计税的。

2. 纳税人销售旧货，按简易办法依3‰征收率减按2‰征收增值税的。

3. 纳税人销售自己使用过的固定资产，适用按简易办法依3‰征收率减按2‰征收增值税政策的。纳税人销售自己使用过的固定资产，适用简易办法依照3‰征收率减按2‰征收增值税政策的，可以放弃减税，按照简易办法依照3‰征收率缴纳增值税，并可以开具增值税专用发票。

（四）法律、法规及国家税务总局规定的其他情形。

《国家电网有限公司会计基础管理办法》第五十条规定：各级单位销售货物、提供加工修理修配劳务和发生应税行为，使用税务部门规定系统开具发票。在开具发票时，选择相应的商品和服务税收分类与编码开具增值税发票。各级单位不得为他人开具与实际经营业务不符的发票，不得提前开具发票。

三、注意事项

（1）开票申请人在首次提请开票时所需材料见表1-14。

表1-14　　　　　　　　首次提请开票时所需材料

序号	材料名称	数量	备注
1	经办人身份证件原件	1份	查验后退回
2	公司营业执照副本	1份	查验后退回

（2）对于供电业务的开票申请，用电户可通过营业厅或"网上国网"等应用软件发起；对于非电业务的开票申请，供应商可通过营业厅或相关业务应用软件发起。

（3）各级单位对于纸质发票和相关税控设备的保管应视同现金保管，收款人员不得兼任增值税专用发票的保管和开具工作，未经授权的人员不得经办相关发票业务。

（4）当企业需要开具17‰、16‰、11‰、10‰等原税率蓝字发票时，应向主管税务机关提交《开具原适用税率发票承诺书》，办理临时开票权限；临时开票权限有效期限为 24 小时，企业应在获取临时开票权限的规定期限内开具原适用税率发票。

（5）对分布式光伏自然人，可由供电公司代开增值税普通发票。

1.2.7　发票作废

一、业务描述及流程

在增值税发票开具当月，如果发生销货退回、开票有误等情形，在已收到退回的发票联、抵扣联的情况下，可对已开具发票进行作废处理；在开具时即发现有误的，可当场作废。

作废增值税发票，必须在增值税税控系统中将相应数据电文进行"作废"处理，在增值税纸质发票（含未打印的空白发票）各联次上加盖"作废"章，全联次留存。

纸质发票的作废流程见图 1-15，有关操作步骤的内容描述、部门岗位、输出物和风险防控点见表 1-15。

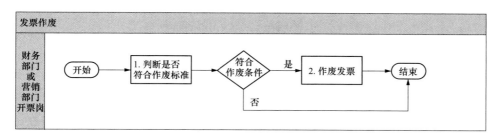

图 1-15　发票作废流程

表 1-15　　　　　　　　　发票作废流程各步骤说明

步骤名称	步骤描述	部门岗位	输出物	风险防控点
1. 判断是否符合作废标准	发现开票有误并收齐发票联、抵扣联和记账联后，判断是否符合发票作废条件	营销部门/开票岗，财务部门	已开具发票各联次实物	（1）当月开具的发票。 （2）未抄税并未记账。 （3）增值税专用发票未认证或者认证结果为"纳税人识别号认证不符""专用发票代码、号码认证不符"

步骤名称	步骤描述	部门岗位	输出物	风险防控点
2. 作废发票	电费业务发票：营销部门开票岗通过营销系统作废发票，并加盖作废章；非电业务发票：财务部门税务管理岗在系统中作废发票，并加盖作废章	营销部门/开票岗，财务部门	已加盖作废章的发票	（1）不得在发票各联次未收回情况下作废发票。（2）操作人员在系统中应无法对非本月开具的发票进行作废操作

二、法规制度

《国家税务总局关于修订〈增值税专用发票使用规定〉的通知》（国税发〔2006〕156号）第十三条规定：一般纳税人在开具专用发票当月，发生销货退回、开票有误等情形，收到退回的发票联、抵扣联符合作废条件的，按作废处理；开具时发现有误的，可即时作废。作废专用发票须在防伪税控系统中将相应的数据电文按"作废"处理，在纸质专用发票（含未打印的专用发票）各联次上注明"作废"字样，全联次留存。

三、注意事项

供电公司可作废其为分布式光伏自然人代开的纸质发票。

1.2.8 纸质发票抄报税

一、业务描述及流程

抄报税，又称存根联数据采集，是指使用增值税税控系统的纳税人应在每月申报期内向税务机关报送增值税发票数据，税务机关对所接收的数据进行比对校验的过程。

纸质发票的抄报税流程见图1-16，有关操作步骤的内容描述、部门岗位、

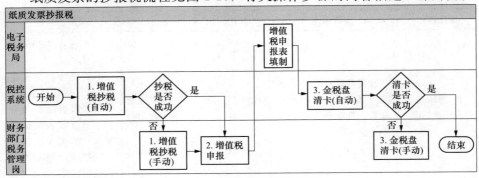

图1-16　纸质发票抄报税流程

输出物和风险防控点见表 1-16。

表 1-16　　　　　　　　纸质发票抄报税流程各步骤说明

步骤名称	步骤描述	部门岗位	输出物	风险防控点
1. 增值税抄税	正常情况下增值税税控系统自动抄税；当抄税未成功时，可进入增值税税控系统"汇总处理"模块，点击"汇总上传"按钮	财务部门/税务管理岗	系统提示汇总报送已成功	
2. 增值税申报	进入电子税务局，完成进项发票数据采集和销项发票数据采集，填报并提交增值税纳税申报表，缴纳当期税款	财务部门/税务管理岗	申报成功回执	
3. 金税盘清卡	再次进入增值税税控系统。正常情况下系统自动完成清卡；当清卡未成功时，可进入增值税税控系统"汇总处理"模块，点击"远程清卡"按钮	财务部门/税务管理岗	更新后的设备锁死日期	

二、法规制度

《发票管理办法》第二十三条规定：安装税控装置的单位和个人，应当按照规定使用税控装置开具发票，并按期向主管税务机关报送开具发票的数据。使用非税控电子器具开具发票的，应当将非税控电子器具使用的软件程序说明资料报主管税务机关备案，并按照规定保存、报送开具发票的数据。国家推广使用网络发票管理系统开具发票，具体管理办法由国务院税务主管部门制定。

《国家税务总局关于全面推行增值税发票系统升级版有关问题的公告》（国家税务总局公告 2015 年第 19 号）第三条明确：增值税发票系统升级版是对增值税防伪税控系统、货物运输业增值税专用发票税控系统、稽核系统以及税务数字证书系统等进行整合升级完善。实现纳税人经过税务数字证书安全认证、加密开具的发票数据，通过互联网实时上传税务机关，生成增值税发票电子底账，作为纳税申报、发票数据查验以及税源管理、数据分析利用的依据。

三、注意事项

当网上抄报税未成功时，财务部门税务管理岗可携带税控盘或金税盘前往办税服务厅办理该业务，需要携带的材料见表 1-17。

表 1-17　　　　　　　　纸质发票抄报税办理材料清单

适用情形	材料名称	数量	备注
因金税盘、税控盘、报税盘等损坏而导致无法报送电子数据的纳税人	已开具增值税发票存根联（作废发票应报送全部联次）		补录退回
按照有关规定不使用网络办税或不具备网络条件的特定纳税人	金税盘（税控盘）、报税盘		

1.2.9　纸质发票验旧

一、业务描述及流程

企业再次领用纸质发票前，应当按照税务机关规定报告已领用纸质发票的使用情况。目前，税务机关已取消增值税发票手工验旧的做法，改为使用增值税税控系统采集并上传发票数据，以信息化手段完成增值税发票验旧工作。

纸质发票的验旧流程见图1-17，有关操作步骤的内容描述、部门岗位、输出物和风险防控点见表1-18。

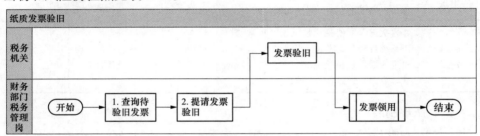

图 1-17　纸质发票验旧流程

表 1-18　　　　　　　　　　　　　纸质发票验旧流程各步骤说明

步骤名称	步骤描述	部门岗位	输出物	风险防控点
1. 查询待验旧发票	查询本期待验旧的发票票种、发票号段等信息	财务部门/税务管理岗	待验旧的发票记录	
2. 提请发票验旧	选择待验旧的发票记录，向税务机关提请验旧	财务部门/税务管理岗	发票验旧成功回执	

二、法规制度

《发票管理办法》第十五条第二款规定：单位和个人领购发票时，应当按照税务机关的规定报告发票使用情况，税务机关应当按照规定进行查验。

《国家税务总局关于简化增值税发票领用和使用程序有关问题的公告》（国家税务总局公告2014年第19号）第一条规定：取消增值税发票手工验旧。税务机关应用增值税一般纳税人发票税控系统报税数据，通过信息化手段实现增值税发票验旧工作。

三、注意事项

对增值税税控系统不具备联网条件的，企业可携带存储有申报所属月份开票信息的金税盘、税控盘、报税盘或其他存储介质前往税务机关报送其发票开具信息，进行发票验旧。

24

办理纸质发票验旧所需的材料见表 1-19。

表 1-19 纸质发票验旧办理材料清单

适用情形	材料名称	数量	备注
在办税服务厅现场办理发票验旧	已开具发票存根联（记账联）、红字发票和作废发票（使用税控机的同时提供发票使用汇总数据报表）		查验后退回

1.2.10 纸质发票冲红

一、业务描述及流程

纸质发票冲红，是指企业开具增值税发票后，发生销货退回、开票有误、应税服务中止以及发票抵扣联、发票联均无法认证等情形但不符合作废条件，或者因销货部分退回及发生销售折让，开具红字增值税纸质发票。

红字增值税纸质发票包括红字增值税纸质专用发票和红字增值税纸质普通发票。其中，开具红字增值税纸质专用发票需事先取得税务机关系统校验通过的《开具红字增值税专用发票信息表》（以下简称《红字信息表》）。

（1）红字增值税纸质专用发票开具。红字增值税纸质专用发票的开具流程见图 1-18，有关操作步骤的内容描述、部门岗位、输出物和风险防控点见表 1-20。

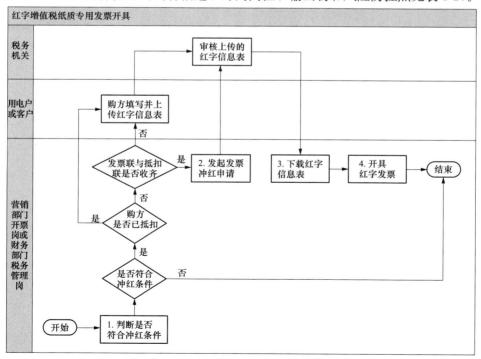

图 1-18 红字增值税纸质专用发票开具流程

表 1-20 红字增值税纸质专用发票开具流程各步骤说明

步骤名称	步骤描述	部门岗位	输出物	风险防控点
1. 判断是否符合冲红条件	在无法作废处理情况下，判断是否符合开具红字增值税专用发票条件	营销部门/开票岗，财务部门/税务管理岗		（1）发生销售退回、开票有误、应税服务中止。（2）发票抵扣联、发票联均无法认证。（3）因销售部分退回以及发生销售折让
2. 发起发票冲红申请	（1）对符合冲红条件且未抵扣已收回的发票：电费业务发票：营销部门开票岗在营销系统发起开具红字发票申请（需填写蓝字发票代码和号码），系统将自动生成的"红字信息表"上传至税务机关。非电业务发票：财务部门税务管理岗发起开具红字发票申请（需填写蓝字发票代码和号码），系统将自动生成的"红字信息表"上传至税务机关。（2）对符合冲红条件且未抵扣但无法收回的发票：由购买方填报并上传"红字信息表"（需填写蓝字发票代码和号码）。（3）对符合冲红条件且已抵扣的发票：由购买方填报并上传"红字信息表"（不需要填写对应蓝字发票代码和发票号码）	营销部门/开票岗，财务部门/税务管理岗	红字信息表	（1）操作人员在系统中应无法对本月开具的发票进行冲红操作。（2）本单位以销售方身份对已开具且购买方尚未抵扣发票填开《红字信息表》时，需要事先已收回相应蓝字发票的发票联和抵扣联。（3）红字增值税专用发票与蓝字增值税专用发票需要一一对应
3. 下载红字信息表	经税务机关审核通过，自增值税税控系统下载生成带有"红字发票信息表编号"的"红字信息表"	营销部门/开票岗，财务部门/税务管理岗	带编号的红字信息表	
4. 开具红字发票	电费业务红字发票：营销部门开票岗通过营销系统根据带编号的"红字信息表"开具红字增值税纸质专用发票并交付。非电业务发票：财务部门税务管理岗根据带编号的"红字信息表"开具红字增值税纸质专用发票并交付	营销部门/开票岗，财务部门/税务管理岗	红字增值税专用发票	《红字信息表》在下载当月未开具红字发票的，系统提示相关部门人员及时开具

（2）红字增值税普通发票开具。红字增值税纸质普通发票的开具流程见图 1-19，有关操作步骤的内容描述、部门岗位、输出物和风险防控点见表 1-21。

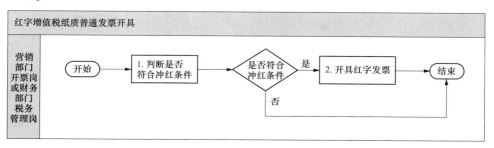

图 1-19　红字增值税纸质普通发票开具流程

表 1-21　　　　　　　红字增值税纸质普通发票开具流程各步骤说明

步骤名称	步骤描述	部门岗位	输出物	风险防控点
1. 判断是否符合冲红条件	在无法作废处理情况下，判断是否符合开具红字增值税普通发票条件	营销部门/开票岗，财务部门/税务管理岗		（1）发生销售退回、开票有误、应税服务中止。 （2）因销售部分退回以及发生销售折让
2. 开具红字发票	电费业务红字发票：营销部门开票岗通过营销系统选取对应的蓝字发票，开具红字增值税纸质普通发票并交付。 非电业务发票：财务部门税务管理岗基于对应的蓝字发票，开具红字增值税纸质普通发票并交付	营销部门/开票岗，财务部门/税务管理岗	红字增值税普通发票	

二、法规制度

《发票管理办法》第二十七条规定：开具发票后，如发生销货退回需开红字发票的，必须收回原发票并注明"作废"字样或取得对方有效证明。开具发票后，如发生销售折让的，必须在收回原发票并注明"作废"字样后重新开具销售发票或取得对方有效证明后开具红字发票。

《国家税务总局关于红字增值税发票开具有关问题的公告》（国家税务总局公告 2016 年第 47 号）对开具红字增值税专用发票和红字增值税普通发票的处理方案予以明确。

三、注意事项

（1）纳税人需要开具红字增值税普通发票的，可以在所对应的蓝字发票金额范围内开具多份红字发票。

（2）增值税纸质普通发票和增值税电子普通发票可以互相冲红，也都可以冲增值税普通发票（卷式），但增值税普通发票（卷式）不可红冲增值税纸质普通发票和增值税电子普通发票。

1.2.11 纸质发票增值税税控系统专用设备变更发行

一、业务描述及流程

纳税人增值税税控系统专用设备载入信息发生变更的，税务机关对金税盘（税控盘）、报税盘及数据库中的信息作相应变更。

纸质发票的增值税税控系统专用设备的变更发行流程见图 1-20，有关操作步骤的内容描述、部门岗位、输出物和风险防控点见表 1-22。

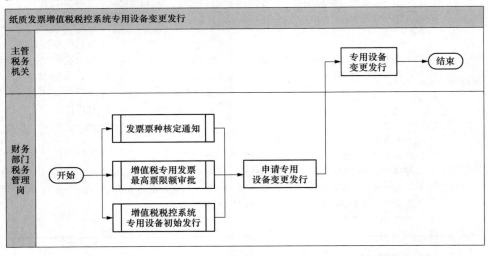

图 1-20　纸质发票增值税税控系统专用设备变更发行流程

表 1-22　纸质发票增值税税控系统专用设备变更发行流程各步骤说明

步骤名称	步骤描述	部门岗位	输出物	风险防控点
申请专用设备变更发行	凭发票票种核定通知或增值税专用发票最高开票限额审批结果，向税务机关提请更变已维护在金税盘（税控盘）、报税盘及数据库中的发票核定信息	财务部门/税务管理岗		

二、法规制度

《中华人民共和国税收征收管理法》第二十三条规定：国家根据税收征收管理的需要，积极推广使用税控装置。纳税人应当按照规定安装、使用税控装置，不得损毁或者擅自改动税控装置。

《国家税务总局关于修订〈增值税专用发票使用规定〉的通知》（国税发〔2006〕156 号）第三条规定：一般纳税人应通过增值税防伪税控系统使用专用发票。使用，包括领购、开具、缴销、认证纸质专用发票及其相应的数据电文。

《国家税务总局关于全面推行增值税发票系统升级版有关问题的公告》（国家税务总局公告 2015 年第 19 号）明确：增值税发票系统升级版纳税人端税控设备包括金税盘和税控盘；专用设备均可开具增值税专用发票、货物运输业增值税专用发票、增值税普通发票和机动车销售统一发票。

三、涉税事项办理规定

【办理材料】

办理纸质发票增值税税控系统专用设备变更发行所需的材料见表 1-23。

表 1-23　　纸质发票增值税税控系统专用设备变更发行办理材料清单

序号	材料名称	数量	备注
1	金税盘（税控盘）、报税盘		根据领购的税控系统专用设备报送
2	经办人身份证件原件		查验后退回
3	《税务事项通知书》（发票票种核定通知）或《准予税务行政许可决定书》或《准予变更税务行政许可决定书》	1 份	查验后退回

【办理时间】

税务机关承诺即时办结。

四、注意事项

（1）变更事项包括：①纳税人名称变更；②纳税人除名称外其他税务登记基本信息变更；纳税人发行授权信息变更；③因纳税人金税盘、税控盘、报税盘损坏，对其金税盘、税控盘、报税盘进变更；④因纳税人开票机数量变化而进行发行变更；⑤增值税发票管理新系统离线开票时限和离线开票总金额变更；⑥购票人员姓名、密码发生变更等。

（2）使用金税盘（税控盘）的纳税人需要增加（减少）分开票机的，必须对原有主开票机专用设备进行变更。

1.2.12 纸质发票缴销

一、业务描述及流程

纸质发票缴销，是指企业因信息变更或清税注销，跨区域经营活动结束，发票换版、损毁等原因按规定需要缴销纸质发票的，到税务机关进行缴销处理，税务机关对企业领用的空白纸质发票做剪角处理。

纸质发票的缴销流程见图1-21，有关操作步骤的内容描述、部门岗位、输出物和风险防控点见表1-24。

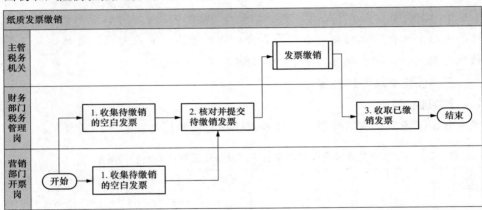

图 1-21 纸质发票缴销流程

表 1-24　　　　　　　　　纸质发票缴销流程各步骤说明

步骤名称	步骤描述	部门岗位	输出物	风险防控点
1. 收集待缴销的空白发票	归集并向税务管理岗移交待缴销的空白发票的电子号段和实物	营销部门/开票岗，财务部门/税务管理岗	待缴销的空白发票的电子号段和实物	
2. 核对并提交待缴销发票	核对待缴销发票数量，通过电子税务局提交发票缴销申请，提交成功后前往办税服务厅，向税务机关提交需缴销发票	财务部门/税务管理岗	待缴销的空白发票的电子号段和实物	
3. 收取已缴销发票	办理结束后，税务机关将剪角处理后的空白发票退还纳税人	财务部门/税务管理岗	剪角处理后的空白发票	

二、法规制度

《发票管理办法》第二十八条规定：开具发票的单位和个人应当在办理变更或者注销税务登记的同时，办理发票和发票领购簿的变更、缴销手续。

三、涉税事项办理规定

【办理材料】

办理纸质发票缴销所需的材料见表 1-25。

表 1-25　　　　　　　　　纸质发票缴销办理材料清单

材料名称	数量	备注
需缴销的发票		

【办理时间】

当地税务机关在三个工作日内对残存发票进行清理核实，并及时在网络更新发票缴销信息。

1.2.13　纸质发票增值税税控系统专用设备注销发行

一、业务描述及流程

纳税人发生清税等涉及增值税税控系统专用设备需注销发行的，税务机关在增值税税控系统中注销纳税人发行信息档案。需收缴设备的，收缴纳税人金税盘（税控盘）、报税盘。

纸质发票的增值税税控系统专用设备的注销发行流程见图 1-22，有关操作步骤的内容描述、部门岗位、输出物和风险防控点见表 1-26。

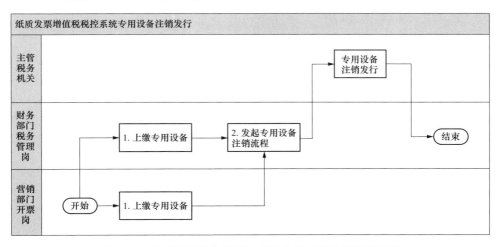

图 1-22　纸质发票增值税税控系统专用设备注销发行流程

表1-26　　纸质发票增值税税控系统专用设备注销发行流程各步骤说明

步骤名称	步骤描述	部门岗位	输出物	风险防控点
1. 上缴专用设备	收集需要注销的开票终端的税控专用设备，交付财务部门税务管理岗	营销部门/开票岗，财务部门/税务管理岗	注销的税控专用设备	
2. 发起专用设备注销流程	收集本单位需要注销的税控专用设备，交予税务机关注销	财务部门/税务管理岗	注销的税控专用设备	

二、法规制度

《中华人民共和国税收征收管理法》第二十三条规定：国家根据税收征收管理的需要，积极推广使用税控装置。纳税人应当按照规定安装、使用税控装置，不得损毁或者擅自改动税控装置。

《国家税务总局关于修订〈增值税专用发票使用规定〉的通知》（国税发〔2006〕156号）第三条规定：一般纳税人应通过增值税防伪税控系统使用专用发票。使用，包括领购、开具、缴销、认证纸质专用发票及其相应的数据电文。

《国家税务总局关于全面推行增值税发票系统升级版有关问题的公告》（国家税务总局公告2015年第19号）明确：增值税发票系统升级版纳税人端税控设备包括金税盘和税控盘。专用设备均可开具增值税专用发票、货物运输业增值税专用发票、增值税普通发票和机动车销售统一发票。

三、涉税事项办理规定

【办理材料】

办理纸质发票增值税税控系统专用设备注销发行所需的材料见表1-27。

表1-27　　纸质发票增值税税控系统专用设备注销发行办理材料清单

适用情形	材料名称	数量	备注
清税注销	金税盘（税控盘）、报税盘		根据领购的税控系统专用设备报送
	经办人身份证件原件		查验后退回
	清税申报表（注销申请表）	1份	查验后退回

【办理时间】

即时办结。

四、注意事项

（1）注销发行前，企业应事先办理空白发票的退回或缴销，采集已开具增值税发票数据。

（2）企业有下列情形之一的，需要上缴增值税税控系统专用设备：①依法清税注销、终止纳税义务；②减少分开票机；③根据国家税务总局统一部署，更换新型号防伪税控设备的，其旧型号防伪税控设备需办理注销发行。

（3）企业当前使用的增值税税控系统专用设备发生损毁或盗失等情况，若需要继续使用的，作更换金税设备处理；不再继续使用的，报税务机关备案并办理注销发行。

1.2.14 纸质发票收取与验真

一、业务描述及流程

企业业务人员在收到纸质发票后，通过信息化或手工录入方式及时提取票面信息，调用发票验真共享服务，与电子底账库数据进行验真比对，并实时反馈查验结果至前端应用，防止假票入企，规避涉票风险。

纸质发票的查验流程见图 1-23，有关操作步骤的内容描述、部门岗位、输出物和风险防控点见表 1-28。

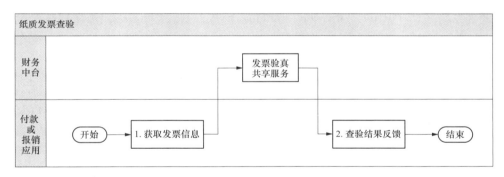

图 1-23　纸质发票查验流程

表 1-28　　　　　　　　　纸质发票查验流程各步骤说明

步骤名称	步骤描述	部门岗位	输出物	风险防控点
1. 获取发票信息	以信息化手段或手工录入方式采集发票的票面信息，并在供应商付款或员工报销等应用中调用发票验真共享服务	全体员工		收到假发票
2. 查验结果反馈	通过发票关键字段信息间的比对，防范假票入账		发票查验反馈	

二、法规制度

《发票管理办法》第二十条规定：所有单位和从事生产、经营活动的个人在购买商品、接受服务以及从事其他经营活动支付款项，应当向收款方取得发票。取得发票时，不得要求变更品名和金额；第二十一条规定：不符合规定的发票，不得作为财务报销凭证，任何单位和个人有权拒收。

《发票管理办法实施细则》第三十三条规定：用票单位和个人有权申请税务机关对发票的真伪进行鉴别。收到申请的税务机关应当受理并负责鉴别发票的真伪；鉴别有困难的，可以提请发票监制税务机关协助鉴别。

《国家税务总局关于发布〈企业所得税税前扣除凭证管理办法〉的公告》（国家税务总局 2018 年 28 号公告）（简称《企业所得税税前扣除凭证管理办法》）第十二条规定：企业取得私自印制、伪造、变造、作废、开票方非法取得、虚开、填写不规范等不符合规定的发票，以及取得不符合国家法律、法规等相关规定的其他外部凭证，不得作为税前扣除凭证。

《国家税务总局关于启用全国增值税发票查验平台的公告》（国家税务总局公告 2016 年第 87 号）明确：取得增值税发票的单位和个人可登录全国增值税发票查验平台（https://inv-veri.chinatax.gov.cn），对新系统开具的增值税专用发票、增值税普通发票、机动车销售统一发票和增值税电子普通发票的发票信息进行查验。

三、注意事项

（1）增值税电子底账库支持对增值税税控系统最近 5 年内开具的增值税专用发票，增值税普通发票（折叠票）、增值税普通发票（卷票）、增值税电子普通发票（含有公路通行费增值税电子普通发票）、机动车销售统一发票、二手车销售统一发票进行真伪查验。

（2）各省（市、自治区）税务局的发票查询平台支持对通用机打发票的真伪查验。

（3）省级供电公司可结合国网税务信息化和财务中台的建设成果，依托税企直连通道，在国家电网公司自建应用中集成实现发票验真功能。

1.2.15 纸质发票审核

一、业务描述及流程

企业财务部门在收到供应商开具或员工报销的纸质发票后，应及时调用发票合规性校验共享服务，对查验通过的增值税发票进行票面信息校验，包括但不限于票面填开情况、备注栏、购买方信息、发票敏感内容等信息。对于校验不符的票据，提醒报销人员或业务人员，以便尽快重新获票。

纸质发票的审核流程见图 1-24，有关操作步骤的内容描述、部门岗位、输出物和风险防控点见表 1-29。

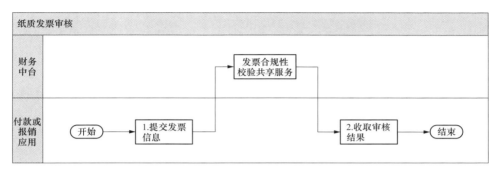

图 1-24　纸质发票审核流程

表 1-29　　　　　　　　　　纸质发票审核流程各步骤说明

步骤名称	步骤描述	部门岗位	输出物	风险防控点
1. 提交发票信息	调用发票合规性校验共享服务，对查验通过的增值税发票进行票面信息校验	财务部门/税务管理岗	发票结构化数据	（具体见下）
2. 收取审核结果	根据发票合规性校验共享服务反馈信息，结合人工审核结果，判定发票是否合规	财务部门/税务管理岗	发票合规性审核结果	

发票合规性校验共享服务包括以下内容：

（1）票面填开情况校验服务。内置票面填开情况校验规则，判断增值税发票填写项目是否齐全。销货清单是否由增值税税控系统开具，并加盖发票专用章。

（2）备注栏合规性校验服务。依税法规定，发票备注栏内容要求及校验规则如表 1-30 所示。

表 1-30　　　　　　　　　　发票备注栏内容要求及校验规则

序号	业务类型	检验规则	备注栏应注明信息	政策依据
1	建筑服务	发票的货物或应税劳务、服务名称为：＊建筑服务、＊工程服务、＊安装服务	建筑服务发生地县（市、区）名称及项目名称	国家税务总局公告 2016 年 23 号

续表

序号	业务类型	检验规则	备注栏应注明信息	政策依据
2	不动产销售	发票的货物或应税劳务、服务名称为：＊不动产＊销售不动产	不动产详细地址	国家税务总局公告2016年23号
3	不动产出租	发票的货物或应税劳务、服务名称为：＊经营租赁＊出租不动产、＊经营租赁＊房屋出租、＊经营租赁＊不动产出租	不动产详细地址	国家税务总局公告2016年23号
4	货物运输	发票的货物或应税劳务、服务名称为：＊运输服务（各类货物运输服务）	起运地、到达地、车种车号以及货物信息等内容	国家税务总局公告2015年99号
5	保险公司收取交强险	发票的货物或应税劳务、服务名称为：＊保险服务＊机动车交通事故责任强制保险服务	保险单号、税款所属期、代收车船税金额、滞纳金金额、金额合计	国家税务总局公告2016年51号
6	中国铁路总公司（含分支机构）提供货物运输服务	发票的货物或应税劳务、服务名称为：运输服务＊铁路货物运输服务，且销售方名称为"中国国家铁路集团有限公司或、中铁集装箱有限责任公司、中铁特货物流股份有限公司、中铁快运股份有限公司"	受托代征的印花税款信息	国家税务总局公告2015年第99号
7	差额征税办法缴纳增值税，且不得全额开具增值税发票	发票的货物或应税劳务、服务名称为：金融商品转让、经纪代理服务、融资租赁服务、航空运输服务、客运场站服务、旅游、建筑服务、不动产、人力资源、土地使用权、物业、安全保护服务	"差额征税"字样	国家税务总局公告2016年23号
8	税局代开专用发票	发票票面存在"代开"字样	增值税纳税人的名称和纳税人识别号	国税发〔2004〕153号
9	税局代开销售不动产和其他个人出租不动产发票	发票票面存在"代开"字样且发票的货物或应税劳务、服务名称为：＊不动产＊销售不动产或＊不动产＊房屋出售、＊经营租赁＊出租不动产、＊经营租赁＊房屋出租、＊经营租赁＊不动产出租	销售或出租不动产纳税人名称、纳税人识别号、不动产详细地址	国家税务总局公告2016年第23号 税总函〔2016〕145号

续表

序号	业务类型	检验规则	备注栏应注明信息	政策依据
10	互联网物流平台企业代开货物运输发票	发票票面存在"代开"字样且发票的货物或应税劳务、服务名称为：＊货物运输服务	会员的纳税人名称、纳税人识别号、起运地、到达地、车种车号以及运输货物信息	税总函〔2019〕405号
11	销售预付卡	增值税普通发票 发票的货物或应税劳务、服务名称为：＊预付款销售与充值	收到预付卡结算款	国家税务总局公告2016年53号

（3）购买方信息校验服务。内置购买方信息校验规则，将增值税发票结构化数据中的购买方信息，即购买方名称、购买方纳税人识别号、购买方电话、地址等，与企业税务登记信息进行比对，防止不合规发票进入发票池。

（4）发票敏感内容校验服务。内置发票敏感性检查规则，对异常发票、敏感发票（货物或应税劳务、服务名称中出现烟、酒、茶等敏感词）向审核人员进行提醒。

二、法规制度

《发票管理办法》第二十一条规定：不符合规定的发票，不得作为财务报销凭证，任何单位和个人有权拒收。

《中华人民共和国增值税暂行条例》（简称《增值税暂行条例》）第九条规定：纳税人购进货物、劳务、服务、无形资产、不动产，取得的增值税扣税凭证不符合法律、行政法规或者国务院税务主管部门有关规定的，其进项税额不得从销项税额中抵扣。

《国家税务总局关于增值税发票开具有关问题的公告》（国家税务总局2017年第16号）第一条规定：自2017年7月1日起，购买方为企业的，索取增值税普通发票时，应向销售方提供纳税人识别号或统一社会信用代码；销售方为其开具增值税普通发票时，应在"购买方纳税人识别号"栏填写购买方的纳税人识别号或统一社会信用代码。不符合规定的发票，不得作为税收凭证。

《企业所得税税前扣除凭证管理办法》第十二条规定：企业取得私自印制、伪造、变造、作废、开票方非法取得、虚开、填写不规范等不符合规定的发票，以及取得不符合国家法律、法规等相关规定的其他外部凭证，不得作为税前扣除凭证。

《国家电网有限公司会计基础管理办法》第五十条规定：各级单位在购买

商品、接受服务以及从事其他经营活动，汇总开具增值税专用发票的，需同时取得使用防伪税控系统开具"销售货物或者提供应税劳务清单"并加盖发票专用章；汇总开具增值税普通发票的，需同时取得使用防伪税控系统开具购物清单或小票。各单位不得让他人为自己开具与实际经营业务不符的发票，不得让他人为自己提前开具发票。

1.2.16 纸质发票业票关联

一、业务描述

通过关键信息匹配，建立发票和采购订单、合同、结算单等业务单据间的关联关系，为账票核对、发票抵扣及统计分析等工作开展奠定数据基础。

二、法规制度

《国家电网有限公司会计基础管理办法》第五十一条规定：具备条件的单位可适用原始凭证电子化数据中心影像信息存储功能，通过扫描等方式将原始凭证信息上传系统，实施原始凭证电子化管理。同时逐步深化系统集成，通过合同自动关联、OCR（智能识别）等功能，实现业务全程在线自动处理。

三、注意事项

发票数据与采购订单、合同、结算单等业务单据的关联，需要支持一对一、多对一等不同形态。在通常情况下，不建议或尽量规避多对多的关联关系。

1.2.17 纸质发票入账

一、业务描述

记账凭证是会计人员根据审核无误的原始凭证或汇总原始凭证，按照经济业务性质确定会计分录后生成的会计凭证。发票作为原始凭证中最常见的形式，与记账凭证之间存在密切的关联性。在此基础上，供电公司需要对发票的入账状态予以维护，并在条件允许时建立发票与记账凭证之间的关联关系。

二、法规制度

《国家电网有限公司会计基础管理办法》附件《电网企业经济业务审核手册》"所需业务单据"。

1.2.18 纸质发票用途确认

一、业务描述及流程

作为增值税一般纳税人，企业可基于税务机关确认的纸质发票，在增值税纳税申报表填报进项税额或申请出口退税、代办退税。

纸质发票的用途确认流程见图 1-25，有关操作步骤的内容描述、部门岗位、输出物和风险防控点见表 1-31。

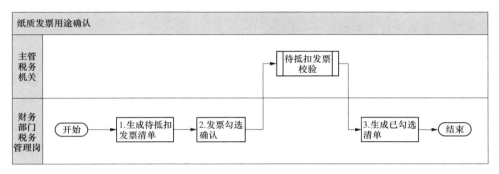

图 1-25　纸质发票用途确认流程

表 1-31　　　　　　　　　纸质发票用途确认流程各步骤说明

步骤名称	步骤描述	部门岗位	输出物	风险防控点
1. 生成发票待抵扣发票清单	归集当月已入账的增值税进项抵扣凭证，生成发票用途确认清单	财务部门/税务管理岗	发票用途确认清单	
2. 发票勾选确认	将发票用途确认清单推送至税务机关	财务部门/税务管理岗	发票用途确认清单	
3. 生成已勾选清单	税务机关根据内置校验规则，生成统计确认结果，企业确认后将其作为当期进项税额来源	财务部门/税务管理岗	统计确认结果	

二、法规制度

《增值税暂行条例》第八条规定：纳税人购进货物、劳务、服务、无形资产、不动产支付或者负担的增值税额，为进项税额。

下列进项税额准予从销项税额中抵扣：

（一）从销售方取得的增值税专用发票上注明的增值税额。

（二）从海关取得的海关进口增值税专用缴款书上注明的增值税额。

（三）购进农产品，除取得增值税专用发票或者海关进口增值税专用缴款书外，按照农产品收购发票或者销售发票上注明的农产品买价和扣除率计算的进项税额，国务院另有规定的除外。进项税额计算公式：

进项税额 = 买价 × 扣除率

（四）自境外单位或者个人购进劳务、服务、无形资产或者境内的不动产，从税务机关或者扣缴义务人取得的代扣代缴税款的完税凭证上注明的增值税额。

准予抵扣的项目和扣除率的调整，由国务院决定。

三、注意事项

企业进行发票用途确认后，将锁定当期勾选操作，如需继续勾选，可通过用途确认撤销后再继续勾选。

发票为异常增值税扣税凭证的，无法进行用途确认。

企业通过增值税发票综合服务平台或电子发票服务平台确认发票用途后，如果出现发票用途确认错误的情形，税务机关可为纳税人提供规范、便捷的更正服务。

1.2.19 发票丢失

一、业务描述及流程

使用发票的单位和个人发生发票丢失情形时，应当于发现丢失当日书面报告税务机关。由税务机关责令改正，可以处 1 万元以下的罚款；情节严重的，处 1 万元以上 3 万元以下的罚款；有违法所得的予以没收。但当事人一年内首次实施法律、法规、规章规定可以给予行政处罚的违法行为，并在税务机关发现前主动改正的或者在税务机关责令限期改正的期限内改正的，不予行政处罚。需要注意的是，发票丢失会影响企业纳税信用等级的评定结果。

纳税人同时丢失已开具增值税专用发票的发票联和抵扣联，可凭加盖销售方发票专用章的相应发票记账联复印件，作为增值税进项税额的抵扣凭证、退税凭证或记账凭证。

纳税人丢失已开具增值税专用发票的抵扣联，可凭相应发票的发票联复印件，作为增值税进项税额的抵扣凭证或退税凭证；纳税人丢失已开具增值税专用发票的发票联，可凭相应发票的抵扣联复印件，作为记账凭证。

如果丢失的是增值税普通发票，可凭加盖销售方公章的证明及相应发票记账联复印件，作为记账凭证。

发票丢失流程见图 1-26，有关操作步骤的内容描述、部门岗位、输出物和风险防控点见表 1-32。

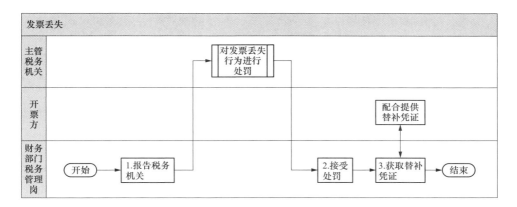

图 1-26　发票丢失流程

表 1-32　　　　　　　　　　　　发票丢失流程各步骤说明

步骤名称	步骤描述	部门岗位	输出物	风险防控点
1. 报告税务机关	在发现丢失当日书面报告税务机关	财务部门/税务管理岗		
2. 接受处罚	结合是否初犯，接受税务机关处罚	财务部门/税务管理岗		
3. 获取替补凭证	根据丢失发票的类型和联次，采取相应策略，获取抵扣凭证或记账凭证	财务部门/税务管理岗	抵扣凭证或记账凭证	

二、法规制度

《发票管理办法实施细则》第三十一条规定：使用发票的单位和个人应当妥善保管发票，不得丢失。发票丢失，应于丢失当日书面报告主管税务机关，并在报刊和电视等传播媒介上公告声明作废。

《国家税务总局关于公布取消一批税务证明事项以及废止和修改部分规章规范性文件的决定》（国家税务总局令第 48 号）附件 1《取消的税务证明事项目录》第一项指出，"发票丢失登报作废声明"取消后的办理方式为"不再提交，取消登报要求"。

《国家税务总局关于增值税发票综合服务平台等事项的公告》（国家税务总局公告 2020 年第 1 号）第四条规定：纳税人同时丢失已开具增值税专用发票或机动车销售统一发票的发票联和抵扣联，可凭加盖销售方发票专用章的相应发票记账联复印件，作为增值税进项税额的抵扣凭证、退税凭证或记账凭证。纳税人丢失已开具增值税专用发票或机动车销售统一发票的抵扣联，可凭相应发票的发票联复印件，作为增值税进项税额的抵扣凭证或退税凭证；纳税人丢失已开具增值税专用发票或机动车销售统一发票的发票联，可凭相应发票的抵扣联复印件，作为记账凭证。

《国家电网有限公司会计基础管理办法》第五十五条规定：从外单位取得的原始凭证如有遗失，当事人应要求原开具单位重开或取得原始凭证复印件等证明资料，并写出详细情况说明，由经办部门负责人和财务负责人批准后，可作为记账依据。

三、涉税事项办理规定

【办理材料】

办理发票丢失所需的材料见表 1-33。

表 1-33　　　　　　　　　　发票丢失办理材料清单

材料名称	数量	备注
《发票挂失/损毁报告表》或《挂失/损毁发票清单》	1 份	

【办理时间】

即时办结。

1.2.20　纸质发票归档

一、业务描述

在执行国家电网公司会计档案归档和保管要求的基础上，对已经开具的发票存根联、发票登记簿、发票抵扣联及其他发票管理台账，应当保存 10 年。保存期满，报经税务机关查验后销毁。

鉴于国家电网公司成员单位均已实施会计信息系统，且纸质发票通过 OCR 技术以图片形式保存，可将纸质发票的扫描文件与相关的记账凭证、报销凭证等电子会计凭证[1]通过归档接口或手工导入电子档案管理系统进行整理、归档并长期保存，归档方法可参照《国家档案局办公室关于印发〈企业电子文件归档和电子档案管理指南〉的通知》（档办发〔2015〕4 号）。

同时，建立电子会计档案台账或者目录，台账或者目录的结构建议如图 1-27 和表 1-34 所示。

---

[1] 电子会计凭证，是指以电子形式生成、传输、存储的各类会计凭证，包括电子原始凭证、电子记账凭证。电子发票属于电子会计原始凭证。

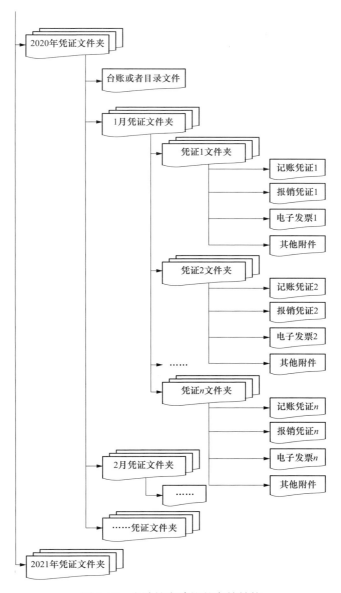

图 1-27　会计档案建议的存储结构

表 1-34　　　　　　　　　　台账或者目录的结构建议

序号	档号	凭证号	摘要	凭证日期	电子凭证件数	备注

二、法规制度

《发票管理办法》第二十九条规定：开具发票的单位和个人应当按照税务机关的规定存放和保管发票，不得擅自损毁。已经开具的发票存根联和发票登记簿，应当保存 5 年。保存期满，报经税务机关查验后销毁。

《国家电网有限公司会计基础管理办法》第一百零一条规定：会计档案的保管期限分为永久、定期两类。定期保管期限一般分为 5 年、10 年和 30 年。需要永久保存的会计档案：税务资料保管清册、税务资料销毁清册……保管期限为 30 年的会计档案：税务档案移交清册……保管期限为 10 年的会计档案：税务台账类资料、各类发票的存根、进项税抵扣联 …… 电子会计档案，其保管期限按照同类纸质会计档案的保管期限执行。

1.3 纸电发票全生命周期管理环节

1.3.1 纸电发票核定●

一、业务描述及流程

企业办理税务登记后使纸电发票的，与纸质发票类似，同样需先向主管税务机关申请办理发票领用手续。作为发票领用的前置环节，主管税务机关基于企业用票需求，结合申请单位的经营范围和规模大小，对企业可用纸电发票的种类、数量、最高开票限额（不含增值税专用发票）等事项予以确认。

对已办理发票核定的企业，若纸电发票的种类、数量、最高开票限额（增值税专用发票除外）不能满足生产经营需要的，可向主管税务机关提出调整申请。

与纸电发票核定有关的流程设置、操作步骤、部门岗位、输出物和风险防控点与章节"1.2.1 纸质发票核定"相关内容一致。

二、法规制度

《发票管理办法》第十五条规定：需要领购发票的单位和个人，应当持税务登记证件、经办人身份证明、按照国务院税务主管部门规定式样制作的发票专用章的印模，向主管税务机关办理发票领购手续。主管税务机关根据领购单位和个人的经营范围和规模，确认领购发票的种类、数量以及领购方式，在 5 个工作日内发给发票领购簿。单位和个人领购发票时，应当按照税务机关的规定报告发票使用情况，税务机关应当按照规定进行查验。

《国家税务总局关于推行通过增值税电子发票系统开具的增值税电子普通

● 部分开展数电票试点的省份已明确新办纳税人只能使用数电票，故不再核定纸电发票。

发票有关问题的公告》（国家税务总局公告 2015 年第 84 号）第一条规定：推行通过增值税电子发票系统开具的增值税电子普通发票，对降低纳税人经营成本、节约社会资源，方便消费者保存使用发票，营造健康公平的税收环境有着重要作用。

《国家税务总局关于在新办纳税人中实行增值税专用发票电子化有关事项的公告》（国家税务总局公告 2020 年第 22 号）第二条规定：电子专票由各省税务局监制，采用电子签名代替发票专用章，属于增值税专用发票，其法律效力、基本用途、基本使用规定等与增值税纸质专用发票相同；第五条规定：税务机关按照电子专票和纸质专票的合计数，为纳税人核定增值税专用发票领用数量。

三、涉税事项办理规定

办理纸电发票核定所需的材料和时间与章节"1.2.1 纸质发票核定"相关内容一致。

四、注意事项

办理纸电发票核定时的注意事项与章节"1.2.1 纸质发票核定"相关内容一致。

1.3.2 增值税电子专用发票最高开票限额审批

一、业务描述及流程

纳税人在初次申请使用增值税电子专用发票以及变更增值税电子专用发票限额时，需向主管税务机关申请办理增值税专用发票最高开票限额审批（该审批事项为行政许可事项）。

与增值税电子专用发票最高开票限额审批有关的流程设置，操作步骤、部门岗位、输出物和风险防控点与章节"1.2.2 增值税纸质专用发票最高开票限额审批"相关内容一致。

二、法规制度

《国务院对确需保留的行政审批项目设定行政许可的决定》附件第 236 项明确，项目名称为"增值税防伪税控系统最高开票限额审批"，实施机关为"县以上税务机关"。

《国家税务总局关于在新办纳税人中实行增值税专用发票电子化有关事项的公告》（国家税务总局公告 2020 年第 22 号）第五条规定：电子专票和纸质专票的增值税专用发票（增值税税控系统）最高开票限额应当相同。

三、涉税事项办理规定

办理增值税电子专用发票最高开票限额审批所需的材料和时间与章节

"1.2.2 增值税纸质专用发票最高开票限额审批"相关内容一致。

四、注意事项

办理该事项前需先完成"纸电发票核定"。

1.3.3 纸电发票增值税税控系统专用设备初始发行

一、业务描述及流程

企业初次使用或重新领购增值税税控系统专用设备开具发票前，需由税务机关对增值税税控系统专用设备进行发行，并将开票所需的各种信息载入增值税税控系统专用设备。

与纸电发票增值税税控系统专用设备初始发行有关的流程设置、操作步骤、部门岗位、输出物和风险防控点与章节"1.2.3 纸质发票增值税税控系统专用设备初始发行"相关内容一致。

二、法规制度

《中华人民共和国税收征收管理法》第二十三条规定：国家根据税收征收管理的需要，积极推广使用税控装置。纳税人应当按照规定安装、使用税控装置，不得损毁或者擅自改动税控装置。

《国家税务总局关于修订〈增值税专用发票使用规定〉的通知》（国税发〔2006〕156 号）第三条规定：一般纳税人应通过增值税防伪税控系统使用专用发票。使用，包括领购、开具、缴销、认证纸质专用发票及其相应的数据电文。

《国家税务总局关于做好增值税电子普通发票推行所需税控设备管理工作的通知》（税总函〔2017〕232 号）第一条规定：推行增值税电子普通发票所需的税控服务器和税控盘组等设备（以下简称"其他税控设备"）的发售、S/N 号录入、发行、安装、调试、技术支持等相关事项按照增值税税控专用设备的相关规定进行管理。

《国家税务总局关于在新办纳税人中实行增值税专用发票电子化有关事项的公告》（国家税务总局公告 2020 年第 22 号）第四条规定：自各地专票电子化实行之日起，本地区需要开具增值税纸质普通发票、增值税电子普通发票、纸质专票、电子专票、纸质机动车销售统一发票和纸质二手车销售统一发票的新办纳税人，统一领取税务 UKey 开具发票。税务机关向新办纳税人免费发放税务 UKey，并依托增值税电子发票公共服务平台，为纳税人提供免费的电子专票开具服务。

三、涉税事项办理规定

办理纸电发票增值税税控系统专用设备初始发行所需的材料和时间与章节

"1.2.3 纸质发票增值税税控系统专用设备初始发行"相关内容一致。

四、注意事项

办理纸电发票增值税税控系统专用设备初始发行时的注意事项与章节"1.2.3 纸质发票增值税税控系统专用设备初始发行"相关内容一致。

1.3.4 纸电发票领用和分发

一、业务描述及流程

纸电发票领用，是指各公司财务部门依照发票核定结果，在完成纸电发票验旧（如有）后，根据当月购票计划向税务机关领用空白纸电发票，并在成功收到空白纸电发票的电子号段后，根据开票终端报送的用票计划分发空白发票。

以供电公司为例，电费业务的用票计划由营销部门制定，非电业务的用票计划由财务部门制定。

纸电发票的领用和分发流程见图 1-28，有关操作步骤的内容描述、部门岗位、输出物和风险防控点见表 1-35。

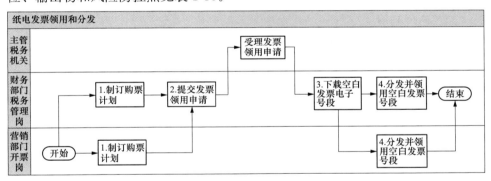

图 1-28　纸电发票领用和分发流程

表 1-35　　　　　　　　　纸电发票领用和分发流程各步骤说明

步骤名称	步骤描述	部门岗位	输出物	风险防控点
1. 制订购票计划	电费业务：根据营销系统历史用票情况自动生成当月发票建议领用量，营销部门开票岗在此基础上结合实际需求调整，形成电费业务发票领用计划，并提交至财务部门税务管理岗； 非电业务：财务部门税务管理岗编制填报非电业务当月发票领用计划	营销部门/开票岗，财务部门/税务管理岗	发票领用计划	当发票申请数量超过上月与去年同期开票量孰大值的3倍时提醒当事人

续表

步骤名称	步骤描述	部门岗位	输出物	风险防控点
2. 提交发票领用申请	归集本单位发票领用计划，在电子税务局提交本单位当月发票领用申请	财务部门/税务管理岗	发票领用申请	提交的发票领用申请不得超过税务机关已核定份数和当前可领用份数
3. 下载空白发票电子号段	在发票领用申请获批后，通过增值税税控系统下载空白发票电子号段	财务部门/税务管理岗	空白发票电子号段	
4. 分发并领用空白发票号段	财务部门税务管理岗将空白发票电子号段按照开票终端报送的发票领用计划进行分发，营销部门开票岗领用空白发票号段	营销部门/开票岗，财务部门/税务管理岗	空白发票电子号段	领票人需在发票登记簿上确认

二、法规制度

《发票管理办法》第十五条规定：需要领购发票的单位和个人，应当持税务登记证件、经办人身份证明、按照国务院税务主管部门规定式样制作的发票专用章的印模，向主管税务机关办理发票领购手续。

《国家税务总局关于推行通过增值税电子发票系统开具的增值税电子普通发票有关问题的公告》（国家税务总局公告 2015 年第 84 号）第四条规定：增值税电子普通发票的发票代码为 12 位，编码规则：第 1 位为 0，第 2～5 位代表省、自治区、直辖市和计划单列市，第 6～7 位代表年度，第 8～10 位代表批次，第 11～12 位代表票种（11 代表增值税电子普通发票）。发票号码为 8 位，按年度、分批次编制。

《国家税务总局关于在新办纳税人中实行增值税专用发票电子化有关事项的公告》（国家税务总局公告 2020 年第 22 号）第三条规定：电子专票的发票代码为 12 位，编码规则：第 1 位为 0，第 2～5 位代表省、自治区、直辖市和计划单列市，第 6、7 位代表年度，第 8～10 位代表批次，第 11、12 位为 13。发票号码为 8 位，按年度、分批次编制。

三、涉税事项办理规定

办理纸电发票领取所需的材料和时间与章节"1.2.4 纸质发票领用和分发"

相关内容一致。

四、注意事项

（1）纳税信用 A 级纳税人可一次领取不超过 3 个月的增值税发票用量。纳税信用 B 级纳税人可一次领取不超过 2 个月的增值税发票用量。

（2）向公司财务部门报送的增值税发票用票计划应包括以下内容：申请部门、申请票种、申请份数、当前结存份数等信息。

（3）财务部门从税务机关领取空白发票后，应建立增值税发票管理台账，台账维护的信息包括但不限于空白发票入库份数、空白发票起讫号码、开票终端序号、开票终端已领用发票份数及其起讫号码、开票终端已验旧发票份数及其起讫号码、开票终端已作废发票份数及其发票代码号码。

（4）营销部门自财务部门申领空白发票时，应在《增值税发票领用登记簿》上登记发票领用信息并签字确认。

（5）电子普票的领用和分发可通过国家电网公司自建的电子发票服务平台进行。

1.3.5 空白纸电发票收回与调拨

空白纸电发票收回与调拨，是指财务部门自税务机关领用纸电发票后，为应对出现的空白发票短缺问题，在开票终端之间进行空白纸电发票的收回或调拨操作。

财务部门税务管理岗在日常工作中，应持续关注开票终端的空白发票库存量，在存余票量紧张和宽裕的开票终端之间建立调拨机制。

空白纸电发票的收回与调拨流程见图 1-29，有关操作步骤的内容描述、部门岗位、输出物和风险防控点见表 1-36。

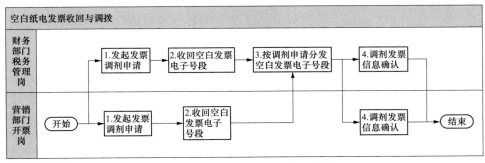

图 1-29　空白纸电发票收回与调拨流程

表 1-36 空白纸电发票收回与调拨流程各步骤说明

步骤名称	步骤描述	部门岗位	输出物	风险防控点
1. 发起发票调剂申请	开票终端开票人员向财务部门税务管理岗发起发票调剂申请	营销部门/开票岗，财务部门/税务管理岗	发票调剂申请	
2. 收回空白发票电子号段	财务部门税务管理岗查看各开票终端空白发票库存余量，营销部门开票岗配合将可调剂的空白发票电子号段收回至总盘	营销部门/开票岗，财务部门/税务管理岗	空白发票电子号段发票调剂表	
3. 按调剂申请分发空白发票电子号段	财务部门税务管理岗将已收回的空白发票电子号段调剂至申请终端	财务部门/税务管理岗	空白发票电子号段	
4. 调剂发票信息确认	完成发票收回与调剂后，调剂双方在增值税发票领用登记簿上签字确认	营销部门/开票岗，财务部门/税务管理岗	增值税发票领用登记簿	调剂双方均需在发票登记簿上电子确认

1.3.6　纸电发票开具与交付

一、业务描述及流程

纸电发票开具，是指为服务会计核算和开展税收管理需要，由收款方向付款方开具证明销售商品、提供服务，以及从事其他经营活动发生的电子凭证。在特殊情况下，可由付款方向收款方开具发票。

对供电业务，由营销系统依据电费发行数据自动生成待开票交易记录，在用户提出开票申请后，由营销部门开票岗在营销系统中选取相应交易记录开票。

供电业务的纸电发票开具流程见图 1-30，有关操作步骤的内容描述、部门岗位、输出物和风险防控点见表 1-37。

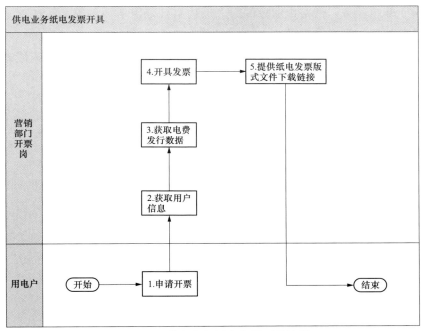

图 1-30 供电业务纸电发票开具流程

表 1-37 供电业务纸电发票开具流程各步骤说明

步骤名称	步骤描述	部门岗位	输出物	风险防控点
1. 申请开票	通过营业厅或应用软件发起开票申请	用电户		
2. 获取用户信息	通过营销系统，获取用电户开票所需的基本信息	营销部门/开票岗	用户基本信息	用电户基本信息不全时，需补充完整后方可开具发票
3. 获取电费发行数据	通过营销系统，获取用电户申请待开票电费发行记录	营销部门/开票岗	发票开具信息	（1）税收分类编码及对应税率按内置规则生成。（2）除冲红外，电费发行记录应只能开票一次
4. 开具发票	根据营销系统获取的用电户基本信息和电费发行记录，经确认无误后，生成并开具发票	营销部门/开票岗	纸电发票	（1）不得在缺少待开票交易记录的情况下直接开具发票。（2）对增值税小规模纳税人不得开具增值税专用发票
5. 提供纸电发票版式文件下载链接	以发送邮件、短信或生成二维码方式，向开票申请人交付纸电发票		纸电发票版式文件下载链接	

对于非电业务，通常由业务部门人员提出开票申请，财务部门在收到开票申请并确认后，完成发票开具。

非电业务的纸电发票开具流程见图 1-31，有关操作步骤的内容描述、部门岗位、输出物和风险防控点见表 1-38。

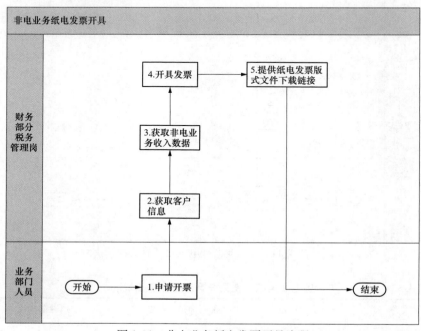

图 1-31　非电业务纸电发票开具流程

表 1-38　　　　　　　　　　非电业务纸电发票开具流程各步骤说明

步骤名称	步骤描述	部门岗位	输出物	风险防控点
1. 申请开票	向税务管理岗提出开票请求	业务部门人员	开票请求	
2. 获取客户信息	获取客户开票所需基本信息	财务部门	客户基本信息	客户基本信息不全时，需补充完整后方可开具发票
3. 获取非电业务收入数据	获取待开票的非电业务收入	财务部门	发票开具信息	（1）税收分类编码及对应税率按内置规则生成。 （2）除冲红外，非电业务收入记录应只能开票一次

步骤名称	步骤描述	部门岗位	输出物	风险防控点
4. 开具发票	根据已获取的客户基本信息和非电业务收入，生成并开具发票	财务部门	纸电发票	（1）不得在缺少待开票交易记录的情况下直接开具发票。 （2）对增值税小规模纳税人不得开具增值税专用发票
5. 提供纸电发票版式文件下载链接	以发送邮件、短信或生成二维码方式，向开票申请人交付纸电发票		纸电发票版式文件下载链接	

二、法规制度

《发票管理办法》第十九条规定：销售商品、提供服务以及从事其他经营活动的单位和个人，对外发生经营业务收取款项，收款方应当向付款方开具发票；特殊情况下，由付款方向收款方开具发票。

《发票管理办法》第二十二条规定：开具发票应当按照规定的时限、顺序、栏目，全部联次一次性如实开具，并加盖发票专用章。

《中华人民共和国发票管理办法实施细则》第二十六条规定：填开发票的单位和个人必须在发生经营业务确认营业收入时开具发票。未发生经营业务一律不准开具发票。

《国家税务总局货物和劳务税司关于做好增值税发票使用宣传辅导有关工作的通知》（税总货便函〔2017〕127号）附件《增值税发票开具指南》第二章第一节第十一条规定：属于下列情形之一的，不得开具增值税专用发票：

（一）向消费者个人销售货物、提供应税劳务或者发生应税行为的；

（二）销售货物、提供应税劳务或者发生应税行为适用增值税免税规定的，法律、法规及国家税务总局另有规定的除外；

（三）部分适用增值税简易征收政策规定的：

1. 增值税一般纳税人的单采血浆站销售非临床用人体血液选择简易计税的。

2. 纳税人销售旧货，按简易办法依3%征收率减按2%征收增值税的。

3. 纳税人销售自己使用过的固定资产，适用按简易办法依3%征收率减按2%征收增值税政策的。纳税人销售自己使用过的固定资产，适用简易办法依照3%征收率减按2%征收增值税政策的，可以放弃减税，按照简易办法依照

3%征收率缴纳增值税，并可以开具增值税专用发票。

（四）法律、法规及国家税务总局规定的其他情形。

《国家税务总局关于推行通过增值税电子发票系统开具的增值税电子普通发票有关问题的公告》（国家税务总局公告 2015 年第 84 号）第一条规定：推行通过增值税电子发票系统开具的增值税电子普通发票，对降低纳税人经营成本，节约社会资源，方便消费者保存使用发票，营造健康公平的税收环境有着重要作用。

《国家税务总局关于在新办纳税人中实行增值税专用发票电子化有关事项的公告》（国家税务总局公告 2020 年第 22 号）第一条规定：自 2020 年 12 月 21 日起，在天津、河北、上海、江苏、浙江、安徽、广东、重庆、四川、宁波和深圳等 11 个地区的新办纳税人中实行专票电子化，受票方范围为全国。其中，宁波、石家庄和杭州等 3 个地区已试点纳税人开具增值税电子专用发票的受票方范围扩至全国。自 2021 年 1 月 21 日起，在北京、山西、内蒙古、辽宁、吉林、黑龙江、福建、江西、山东、河南、湖北、湖南、广西、海南、贵州、云南、西藏、陕西、甘肃、青海、宁夏、新疆、大连、厦门和青岛等 25 个地区的新办纳税人中实行专票电子化，受票方范围为全国。实行专票电子化的新办纳税人具体范围由国家税务总局各省、自治区、直辖市和计划单列市税务局确定。

《国家电网有限公司会计基础管理办法》第五十条规定：各级单位销售货物、提供加工修理修配劳务和发生应税行为，使用税务部门规定系统开具发票。在开具发票时，选择相应的商品和服务税收分类与编码开具增值税发票。各级单位不得为他人开具与实际经营业务不符的发票，不得提前开具发票。

三、注意事项

（1）开票申请人在首次提请开票时需提供的材料可参见表 1-14。

（2）对于供电业务的开票申请，用电户可通过营业厅或"网上国网"等应用软件发起；对于非电业务的开票申请，供应商可通过营业厅或相关业务应用软件发起。

（3）当企业需要开具 17%、16%、11%、10% 等原税率蓝字发票时，应向主管税务机关提交《开具原适用税率发票承诺书》，办理临时开票权限；临时开票权限有效期限为 24 小时，企业应在获取临时开票权限的规定期限内开具原适用税率发票。

（4）对分布式光伏自然人，可由供电公司代开增值税电子普通发票。

1.3.7　纸电发票抄报税

一、业务描述及流程

抄报税，又称存根联数据采集，是指使用增值税税控系统的纳税人应在每月申报期内向税务机关报送增值税发票数据，税务机关对所接收的数据进行比对校验的过程。

与纸电发票抄报税有关的流程设置、操作步骤、部门岗位、输出物和风险防控点与章节"1.2.8 纸质发票抄报税"相关内容一致。

二、法规制度

《发票管理办法》第二十三条规定：安装税控装置的单位和个人，应当按照规定使用税控装置开具发票，并按期向主管税务机关报送开具发票的数据。使用非税控电子器具开具发票的，应当将非税控电子器具使用的软件程序说明资料报主管税务机关备案，并按照规定保存、报送开具发票的数据。国家推广使用网络发票管理系统开具发票，具体管理办法由国务院税务主管部门制定。

三、注意事项

当网上抄报税未成功时，财务部门税务管理岗可携带税控盘或金税盘前往办税服务厅办理该业务，需要携带的材料见表1-17。

1.3.8　纸电发票验旧

一、业务描述及流程

企业再次领用纸电发票前，应当按照税务机关规定报告已领用纸电发票的使用情况。目前，税务机关已取消增值税发票手工验旧的做法，改为使用增值税税控系统采集并上传发票数据，以信息化手段完成增值税发票验旧工作。

与纸电发票验旧有关的流程设置、操作步骤、部门岗位、输出物和风险防控点与章节"1.2.9 纸质发票验旧"相关内容一致。

二、法规制度

《发票管理办法》第十五条第二款规定：单位和个人领购发票时，应当按照税务机关的规定报告发票使用情况，税务机关应当按照规定进行查验。

《国家税务总局关于简化增值税发票领用和使用程序有关问题的公告》（国家税务总局公告2014年第19号）第一条规定：取消增值税发票手工验旧。税务机关应用增值税一般纳税人发票税控系统报税数据，通过信息化手段实现增值税发票验旧工作。

三、注意事项

对增值税税控系统不具备联网条件的，企业可携带存储有申报所属月份开票信息的金税盘、税控盘、报税盘或其他存储介质前往税务机关报送其发票开具信息，进行发票验旧。

1.3.9 纸电发票冲红

一、业务描述及流程

纸电发票冲红，是指企业开具增值税发票后，发生销货退回、开票有误、应税服务中止，以及发票抵扣联、发票联均无法认证等情形但不符合作废条件，或者因销货部分退回及发生销售折让，开具红字增值税电子发票。

红字增值税电子发票包括红字增值税电子专用发票和红字增值税电子普通发票。其中，开具红字增值税电子专用发票需事先取得税务机关系统校验通过的《开具红字增值税专用发票信息表》。

（1）红字增值税电子专用发票开具。红字增值税电子专用发票的开具流程见图 1-32，有关操作步骤的内容描述、部门岗位、输出物和风险防控点见表 1-39。

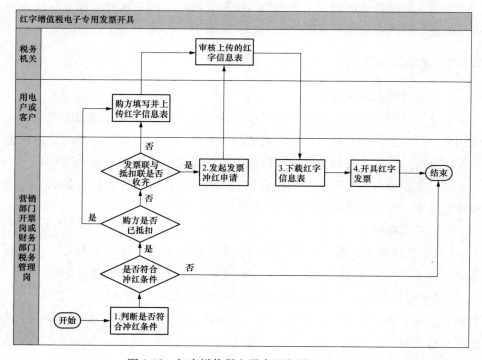

图 1-32 红字增值税电子专用发票开具流程

表 1-39 红字增值税电子专用发票开具流程各步骤说明

步骤名称	步骤描述	部门岗位	输出物	风险防控点
1. 判断是否符合冲红条件	在无法作废处理情况下，判断是否符合开具红字增值税专用发票条件	营销部门/开票岗，财务部门/税务管理岗		（1）发生销售退回、开票有误、应税服务中止。 （2）发票抵扣联、发票联均无法认证。 （3）因销售部分退回以及发生销售折让。 （4）原发票作废情形
2. 发起发票冲红申请	（1）对符合冲红条件且未抵扣发票： 电费业务发票：营销部门开票岗发起开具红字发票申请（需填写蓝字发票代码和号码），系统将自动生成的《红字信息表》上传至税务机关； 非电业务发票：财务部门税务管理岗发起开具红字发票申请（需填写蓝字发票代码和号码），系统将自动生成的《红字信息表》上传至税务机关。 （2）对符合冲红条件且已抵扣的发票：由购买方填报并上传《红字信息表》（不需要填写对应蓝字发票代码和发票号码）	营销部门/开票岗，财务部门/税务管理岗	红字信息表	红字增值税专用发票与蓝字增值税专用发票需要一一对应
3. 下载红字信息表	经税务机关审核通过，自增值税税控系统下载生成带有"红字发票信息表编号"的《红字信息表》	营销部门/开票岗，财务部门/税务管理岗	带编号的红字信息表	
4. 开具红字发票	电费业务红字发票：营销部门开票岗根据带编号的《红字信息表》开具红字增值税电子专用发票； 非电业务红字发票：财务部门税务管理岗根据带编号的《红字信息表》开具红字增值税电子专用发票	营销部门/开票岗，财务部门/税务管理岗	红字增值税专用发票	《红字信息表》在下载当月未开具红字发票的，系统提示相关部门人员及时开具

（2）红字增值税电子普通发票开具。红字增值税电子普通发票的开具流程见图 1-33，有关操作步骤的内容描述、部门岗位、输出物和风险防控点见表 1-40。

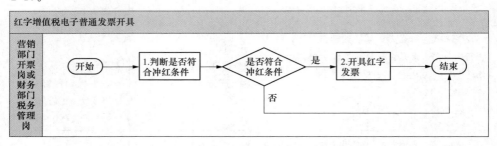

图 1-33　红字增值税电子普通发票开具流程

表 1-40　　　　红字增值税电子普通发票开具流程各步骤说明

步骤名称	步骤描述	部门岗位	输出物	风险防控点
1. 判断是否符合冲红条件	在无法作废处理情况下，判断是否符合开具红字增值税普通发票条件	营销部门/开票岗，财务部门/税务管理岗		（1）发生销售退回、开票有误、应税服务中止。 （2）因销售部分退回以及发生销售折让。 （3）原发票作废情形
2. 开具红字发票	电费业务红字发票：营销部门开票岗选取对应的蓝字发票，开具红字增值税电子普通发票； 非电业务发票：财务部门税务管理岗基于对应的蓝字发票，开具红字增值税电子普通发票	营销部门/开票岗，财务部门/税务管理岗	红字增值税普通发票	

二、法规制度

《发票管理办法》第二十七条规定：开具发票后，如发生销货退回需开红字发票的，必须收回原发票并注明"作废"字样或取得对方有效证明。开具发票后，如发生销售折让的，必须在收回原发票并注明"作废"字样后重新开具销售发票或取得对方有效证明后开具红字发票。

《国家税务总局关于红字增值税发票开具有关问题的公告》（国家税务总局公告 2016 年第 47 号）

《国家税务总局关于在新办纳税人中实行增值税专用发票电子化有关事项

的公告》（国家税务总局公告 2020 年第 22 号）第七条规定：纳税人开具电子专票后，发生销货退回、开票有误、应税服务中止、销售折让等情形，需要开具红字电子专票的，按照以下规定执行：

（一）购买方已将电子专票用于申报抵扣的，由购买方在增值税发票管理系统（以下简称"发票管理系统"）中填开并上传《开具红字增值税专用发票信息表》（以下简称《信息表》），填开《信息表》时不填写相对应的蓝字电子专票信息。

购买方未将电子专票用于申报抵扣的，由销售方在发票管理系统中填开并上传《信息表》，填开《信息表》时应填写相对应的蓝字电子专票信息。

（二）税务机关通过网络接收纳税人上传的《信息表》，系统自动校验通过后，生成带有"红字发票信息表编号"的《信息表》，并将信息同步至纳税人端系统中。

（三）销售方凭税务机关系统校验通过的《信息表》开具红字电子专票，在发票管理系统中以销项负数开具。红字电子专票应与《信息表》一一对应。

（四）购买方已将电子专票用于申报抵扣的，应当暂依《信息表》所列增值税税额从当期进项税额中转出，待取得销售方开具的红字电子专票后，与《信息表》一并作为记账凭证。

三、注意事项

（1）纳税人需要开具红字增值税普通发票的，可以在所对应的蓝字发票金额范围内开具多份红字发票。

（2）增值税纸质普通发票和增值税电子普通发票可以互相冲红，也都可以冲增值税普通发票（卷式），但增值税普通发票（卷式）不可红冲增值税纸质普通发票和增值税电子普通发票。

由于纸电发票不存在发票作废场景，若在纸电发票开具当月，如果发生销货退回、开票有误等情形，则直接进行发票冲红操作。

1.3.10　纸电发票增值税税控系统专用设备变更发行

一、业务描述及流程

纳税人增值税税控系统专用设备载入信息发生变更的，税务机关对金税盘（税控盘）、报税盘及数据库中的信息作相应变更。

与纸电发票增值税税控系统专用设备变更发行有关的流程设置、操作步骤、部门岗位、输出物和风险防控点与章节"1.2.11 纸质发票增值税税控系统专用设备变更发行"相关内容一致。

二、法规制度

《中华人民共和国税收征收管理法》第二十三条规定：国家根据税收征收管理的需要，积极推广使用税控装置。纳税人应当按照规定安装、使用税控装置，不得损毁或者擅自改动税控装置。

《国家税务总局关于修订〈增值税专用发票使用规定〉的通知》（国税发〔2006〕156 号）第三条规定：一般纳税人应通过增值税防伪税控系统使用专用发票。使用，包括领购、开具、缴销、认证纸质专用发票及其相应的数据电文。

《国家税务总局关于做好增值税电子普通发票推行所需税控设备管理工作的通知》（税总函〔2017〕232 号）第一条规定：推行增值税电子普通发票所需的税控服务器和税控盘组等设备的发售、S/N 号录入、发行、安装、调试、技术支持等相关事项按照增值税税控专用设备的相关规定进行管理。

《国家税务总局关于在新办纳税人中实行增值税专用发票电子化有关事项的公告》（国家税务总局公告 2020 年第 22 号）第四条规定：自各地专票电子化实行之日起，本地区需要开具增值税纸质普通发票、增值税电子普通发票、纸质专票、电子专票、纸质机动车销售统一发票和纸质二手车销售统一发票的新办纳税人，统一领取税务 UKey 开具发票。税务机关向新办纳税人免费发放税务 UKey，并依托增值税电子发票公共服务平台，为纳税人提供免费的电子专票开具服务。

三、涉税事项办理规定

办理纸电发票增值税税控系统专用设备变更发行所需的材料和时间与章节"1.2.11 纸质发票增值税税控系统专用设备变更发行"相关内容一致。

四、注意事项

办理纸电发票增值税税控系统专用设备变更发行时的注意事项与章节"1.2.11 纸质发票增值税税控系统专用设备变更发行"相关内容一致。

1.3.11　纸电发票缴销

一、业务描述及流程

纸电发票缴销，是指企业因信息变更或清税注销，跨区域经营活动结束，发票换版、损毁等原因按规定需要缴销纸电发票的，到税务机关进行缴销处理。

纸电发票的缴销流程见图 1-34，有关操作步骤的内容描述、部门岗位、输出物和风险防控点见表1-41。

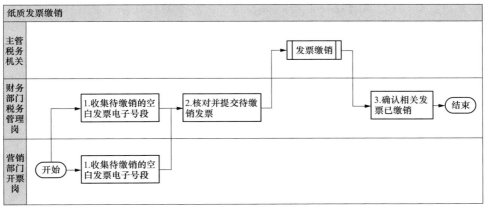

图 1-34　纸电发票缴销流程

表 1-41　　　　　　　　　纸电发票缴销流程各步骤说明

步骤名称	步骤描述	部门岗位	输出物	风险防控点
1. 收集待缴销的空白发票电子号段	归集并向税务管理岗移交待缴销的空白发票电子号段	营销部门/开票岗，财务部门/税务管理岗	待缴销的空白发票电子号段	
2. 核对并提交待缴销发票	核对待缴销发票数量，通过电子税务局提交发票缴销申请，提交成功后前往办税服务厅办理后续业务	财务部门/税务管理岗	待缴销的空白发票电子号段	
3. 确认相关发票已缴销	办理结束后，向税务机关确认相关发票是否已全部缴销	财务部门/税务管理岗		

二、法规制度

《发票管理办法》第二十八条规定：开具发票的单位和个人应当在办理变更或者注销税务登记的同时，办理发票和发票领购簿的变更、缴销手续。

《国家税务总局关于推行通过增值税电子发票系统开具的增值税电子普通发票有关问题的公告》（国家税务总局公告 2015 年第 84 号）第三条规定：增值税电子普通发票的开票方和受票方需要纸质发票的，可以自行打印增值税电子普通发票的版式文件，其法律效力、基本用途、基本使用规定等与税务机关监制的增值税普通发票相同。

《国家税务总局关于在新办纳税人中实行增值税专用发票电子化有关事项

的公告》（国家税务总局公告 2020 年第 22 号）第二条规定：电子专票由各省税务局监制，采用电子签名代替发票专用章，属于增值税专用发票，其法律效力、基本用途、基本使用规定等与增值税纸质专用发票相同。

三、涉税事项办理规定

办理纸电发票缴销所需的材料和时间与章节"1.2.12 纸质发票缴销"相关内容一致。

1.3.12 纸电发票增值税税控系统专用设备注销发行

一、业务描述及流程

纳税人发生清税等涉及增值税税控系统专用设备需注销发行的，税务机关在增值税税控系统中注销纳税人发行信息档案。需收缴设备的，收缴纳税人金税盘（税控盘）、报税盘。

与纸电发票增值税税控系统专用设备注销发行有关的流程设置、操作步骤、部门岗位、输出物和风险防控点与章节"1.2.13 纸质发票增值税税控系统专用设备注销发行"相关内容一致。

二、法规制度

《中华人民共和国税收征收管理法》第二十三条规定：国家根据税收征收管理的需要，积极推广使用税控装置。纳税人应当按照规定安装、使用税控装置，不得损毁或者擅自改动税控装置。

《国家税务总局关于修订〈增值税专用发票使用规定〉的通知》（国税发〔2006〕156 号）第三条规定：一般纳税人应通过增值税防伪税控系统使用专用发票。使用，包括领购、开具、缴销、认证纸质专用发票及其相应的数据电文。

《国家税务总局关于做好增值税电子普通发票推行所需税控设备管理工作的通知》（税总函〔2017〕232 号）第一条规定：推行增值税电子普通发票所需的税控服务器和税控盘组等设备的发售、S/N 号录入、发行、安装、调试、技术支持等相关事项按照增值税税控专用设备的相关规定进行管理。

《国家税务总局关于在新办纳税人中实行增值税专用发票电子化有关事项的公告》（国家税务总局公告 2020 年第 22 号）第四条规定：自各地专票电子化实行之日起，本地区需要开具增值税纸质普通发票、增值税电子普通发票、纸质专票、电子专票、纸质机动车销售统一发票和纸质二手车销售统一发票的新办纳税人，统一领取税务 UKey 开具发票。税务机关向新办纳税人免费发放税务 UKey，并依托增值税电子发票公共服务平台，为纳税人提供免费的电子专票开具服务。

三、涉税事项办理规定

办理纸电发票增值税税控系统专用设备注销发行所需的材料和时间与章节"1.2.13 纸质发票增值税税控系统专用设备注销发行"相关内容一致。

四、注意事项

办理纸电发票增值税税控系统专用设备注销发行时的注意事项与章节"1.2.13 纸质发票增值税税控系统专用设备注销发行"相关内容一致。

1.3.13　纸电发票收取

一、业务描述及流程

由于纸电发票以非实物形态交付，在进行发票查验之前，各级单位需要先通过企业邮箱等方式获取纸电发票版式文件并统一管理，支持在线查看完成电子签名验证、解析纸电发票版式文件获取纸电发票结构化数据，将纸电发票版式文件与电子底账库中的已有发票信息进行关联，实现纸电发票版式文件的收取、查看和关联。

《国家电网有限公司会计基础管理办法》第五十条规定：各级单位可运用信息化手段扫描纸电发票，识别发票号码并进行存储记忆，通过纸电发票的唯一性，自动比对查重，但出现纸电发票重复报销时实现自动提示。

纸电发票版式文件获取方式：

（1）通过税务 Ukey 开票软件生成的二维码。员工可通过扫描商品销售方或服务提供方提供的二维码，获取纸电发票版式文件的下载链接。

（2）通过税务 Ukey 开票软件推送的邮件。业务人员向供应商提供纸电发票收取邮箱，通过邮件获取纸电发票版式文件的下载链接。

（3）通过税务 Ukey 开票软件推送的短信。员工获取纸电发票版式文件的下载链接。

（4）通过全国增值税发票查验平台，财务部门税务管理岗下载纸电发票版式文件。

（5）通过增值税综合服务平台，财务部门税务管理岗下载纸电发票信息。

纸电发票的收取流程见图 1-35，有关操作步骤的内容描述、部门岗位、输出物和风险防控点见表 1-42。

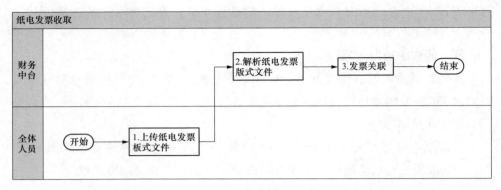

图 1-35　纸电发票收取流程

表 1-42　　　　　　　　纸电发票收取流程各步骤说明

步骤名称	步骤描述	部门岗位	输出物	风险防控点
1. 上传纸电发票版式文件	获取纸电发票版式文件并上传至相关应用	全体员工	纸电发票版式文件	
2. 解析纸电发票版式文件	完成电子签名验证后，解析版式文件获取发票结构化数据		发票结构化数据	
3. 发票关联	将纸电发票版式文件与电子底账库中的发票数据进行关联		发票关联关系	

二、法规制度

《发票管理办法》第二十条规定：所有单位和从事生产、经营活动的个人在购买商品、接受服务以及从事其他经营活动支付款项，应当向收款方取得发票。

《国家税务总局关于推行通过增值税电子发票系统开具的增值税电子普通发票有关问题的公告》（国家税务总局公告 2015 年第 84 号）第三条规定：增值税电子普通发票的开票方和受票方需要纸质发票的，可以自行打印增值税电子普通发票的版式文件，其法律效力、基本用途、基本使用规定等与税务机关监制的增值税普通发票相同。

《国家税务总局关于在新办纳税人中实行增值税专用发票电子化有关事项的公告》（国家税务总局公告 2020 年第 22 号）第一条规定：自 2020 年 12 月 21 日起，在天津、河北、上海、江苏、浙江、安徽、广东、重庆、四川、宁波和深圳等 11 个地区的新办纳税人中实行专票电子化，受票方范围为全国。其中，宁波、石家庄和杭州等 3 个地区已试点纳税人开具增值税电子专用发票的受票方范围扩至全国。自 2021 年 1 月 21 日起，在北京、山西、内蒙古、辽宁、吉林、黑龙江、福建、江西、山东、河南、湖北、湖南、广西、海南、贵州、云南、西藏、陕西、甘肃、青海、宁夏、新疆、大连、厦门和青岛等 25 个地区的新办纳税人中实行专票电子化，受票方范围为全国。实行专票电子化的新办纳税人具体范围由国家税务总局各省、自治区、直辖市和计划单列市税务局确定。

1.3.14 纸电发票查验

一、业务描述及流程

企业业务人员在获取纸电发票的结构化数据后，调用发票查重、验真共享服务，基于发票池已有入账数据对发票进行实时查重，基于电子底账库数据对发票进行验真比对，并实时反馈查验结果至前端应用，防止假票入企，规避重复入账风险。

纸电发票的查验流程见图 1-36，有关操作步骤的内容描述、部门岗位、输出物和风险防控点见表 1-43。

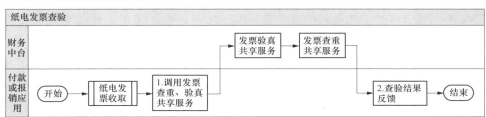

图 1-36　纸电发票查验流程

表 1-43　　　　　　　　　　纸电发票查验流程各步骤说明

步骤名称	步骤描述	部门岗位	输出物	风险防控点
1. 调用发票查重、验真共享服务	在供应商付款或员工报销等应用启动相关流程时，调用发票查重、验真共享服务	全体员工	发票结构化数据	发票重复提交 收到假发票
2. 查验结果反馈	提请人查看反馈结果，防范假票和重复入账	全体员工	发票查验结果反馈	

二、法规制度

《发票管理办法》第二十条规定：所有单位和从事生产、经营活动的个人在购买商品、接受服务以及从事其他经营活动支付款项，应当向收款方取得发票。取得发票时，不得要求变更品名和金额。

《发票管理办法》第二十一条规定：不符合规定的发票，不得作为财务报销凭证，任何单位和个人有权拒收。

《发票管理办法实施细则》第三十三条规定：用票单位和个人有权申请税务机关对发票的真伪进行鉴别。收到申请的税务机关应当受理并负责鉴别发票的真伪；鉴别有困难的，可以提请发票监制税务机关协助鉴别。

《国家税务总局关于发布〈企业所得税税前扣除凭证管理办法〉的公告》（国家税务总局 2018 年 28 号公告）第十二条规定：企业取得私自印制、伪造、变造、作废、开票方非法取得、虚开、填写不规范等不符合规定的发票，以及取得不符合国家法律、法规等相关规定的其他外部凭证，不得作为税前扣除凭证。

《国家税务总局关于启用全国增值税发票查验平台的公告》（国家税务总局公告 2016 年第 87 号）明确：取得增值税发票的单位和个人可登录全国增值税发票查验平台（https://inv-veri.chinatax.gov.cn），对新系统开具的增值税专用发票、增值税普通发票、机动车销售统一发票和增值税电子普通发票的发票信息进行查验。

《国家税务总局关于在新办纳税人中实行增值税专用发票电子化有关事项的公告》（国家税务总局公告 2020 年第 22 号）第九条规定：单位和个人可以通过全国增值税发票查验平台（https://inv-veri.chinatax.gov.cn）对电子专票信息进行查验；可以通过全国增值税发票查验平台下载增值税电子发票版式文件阅读器，查阅电子专票并验证电子签名有效性。

三、注意事项

（1）增值税电子底账库支持对增值税税控系统最近 5 年内开具的电子专票和电子普票进行真伪查验。

（2）各省自建的发票查询平台支持对网络发票、区块链发票的真伪查验。

1.3.15　纸电发票审核

一、业务描述及流程

企业财务部门在收到供应商开具或员工报销的纸电发票后，应及时调用发票合规性校验共享服务，对查验通过的增值税发票进行票面信息校验，包括但不限于票面填开情况、备注栏、购买方信息、发票敏感内容等信息。对于校验不符的票据，提醒报销人员或业务人员，以便尽快重新获票。

与纸电发票审核有关的流程设置、操作步骤、部门岗位、输出物和风险防控点与章节"1.2.15 纸质发票审核"相关内容一致。

发票合规性校验共享服务包括以下内容：

（1）票面填开情况校验服务。内置票面填开情况校验规则，判断增值税发票填写项目是否齐全。销货清单是否由增值税税控系统开具。

（2）备注栏合规性校验服务。依税法规定，发票备注栏内容要求及校验规则如表 1-30 所示。

（3）购买方信息校验服务。内置购买方信息校验规则，将增值税发票结构化数据中的购买方信息，即购买方名称、购买方纳税人识别号、购买方电话、地址等，与企业税务登记信息进行比对，防止不合规发票进入发票池。

（4）发票敏感内容校验服务。内置发票敏感性检查规则，对异常发票、敏感发票（货物或应税劳务、服务名称中出现烟、酒、茶等敏感词）向审核人员进行提醒。

二、法规制度

法规制度可参见章节"1.2.15 纸质发票审核"相关内容。

三、注意事项

无论是电子专票，还是电子普票，均采用电子签名代替发票专用章❶。

1.3.16 纸电发票业票关联

纸电发票业票关联相关规范可参见章节"1.2.16 纸质发票业票关联。"

1.3.17 纸电发票入账

一、业务描述

记账凭证是会计人员根据审核无误的原始凭证或汇总原始凭证，按照经济业务性质确定会计分录后生成的会计凭证。发票作为原始凭证中最常见形式，

---

❶ 《国家税务总局关于增值税发票综合服务平台等事项的公告》（国家税务总局公告 2020 年第 1 号）第二条规定：纳税人通过增值税电子发票公共服务平台开具的增值税电子普通发票，属于税务机关监制的发票，采用电子签名代替发票专用章，其法律效力、基本用途、基本使用规定等与增值税普通发票相同。《国家税务总局关于在新办纳税人中实行增值税专用发票电子化有关事项的公告》（国家税务总局公告 2020 年第 22 号）第二条规定：电子专票由各省税务局监制，采用电子签名代替发票专用章，属于增值税专用发票，其法律效力、基本用途、基本使用规定等与增值税纸质专用发票相同。

与记账凭证之间存在密切的关联性。在此基础上，供电公司需要对发票的入账状态予以维护，并在条件允许时建立发票与记账凭证之间的关联关系。

　　二、法规制度

　　《财政部　国家档案局关于规范电子会计凭证报销入账归档的通知》（财会〔2020〕6号）。

　　《国家税务总局关于在新办纳税人中实行增值税专用发票电子化有关事项的公告》（国家税务总局公告2020年第22号）第九条规定：纳税人以电子发票（含电子专票和电子普票）报销入账归档的，按照《财政部 国家档案局关于规范电子会计凭证报销入账归档的通知》（财会〔2020〕6号）的规定执行。

　　《国家电网有限公司会计基础管理办法》附件《电网企业经济业务审核手册》"所需业务单据"。

1.3.18　纸电发票用途确认

　　一、业务描述及流程

　　作为增值税一般纳税人，企业可基于税务机关确认的电子发票，在增值税纳税申报表填报进项税额或申请出口退税、代办退税。

　　与纸电发票用途确认有关的流程设置、操作步骤、部门岗位、输出物和风险防控点与章节"1.2.18纸质发票用途确认"相关内容一致。

　　二、法规制度

　　《增值税暂行条例》第八条规定：纳税人购进货物、劳务、服务、无形资产、不动产支付或者负担的增值税额，为进项税额。

　　下列进项税额准予从销项税额中抵扣：

　　（一）从销售方取得的增值税专用发票上注明的增值税额。

　　（二）从海关取得的海关进口增值税专用缴款书上注明的增值税额。

　　（三）购进农产品，除取得增值税专用发票或者海关进口增值税专用缴款书外，按照农产品收购发票或者销售发票上注明的农产品买价和扣除率计算的进项税额，国务院另有规定的除外。进项税额计算公式：

　　　　进项税额 ＝ 买价 × 扣除率

　　（四）自境外单位或者个人购进劳务、服务、无形资产或者境内的不动产，从税务机关或者扣缴义务人取得的代扣代缴税款的完税凭证上注明的增值税额。

　　准予抵扣的项目和扣除率的调整，由国务院决定。

　　《交通运输部　财政部　国家税务总局　国家档案局关于收费公路通行费电子票据开具汇总等有关事项的公告》（交通运输部公告2020年第24号）第

六条第三款规定：纳税人取得通行费电子发票后，应当登录增值税发票综合服务平台确认发票用途。税务总局通过增值税发票综合服务平台为纳税人提供通行费电子发票批量选择确认服务。

《国家税务总局关于在新办纳税人中实行增值税专用发票电子化有关事项的公告》（国家税务总局公告 2020 年第 22 号）第二条规定：电子专票由各省税务局监制，采用电子签名代替发票专用章，属于增值税专用发票，其法律效力、基本用途、基本使用规定等与增值税纸质专用发票相同；第八条规定：受票方取得电子专票用于申报抵扣增值税进项税额或申请出口退税、代办退税的，应当登录增值税发票综合服务平台确认发票用途，登录地址由各省税务局确定并公布。

三、注意事项

办理纸电发票用途确认时的注意事项与章节"1.2.18 纸质发票用途确认"相关内容一致。

1.3.19　纸电发票归档

一、业务描述

1. 基本规范

纸电发票作为电子会计凭证之一，根据《财政部　国家档案局关于规范电子会计凭证报销入账归档的通知》（财会〔2020〕6 号）第三条的规定：除法律和行政法规另有规定外，同时满足下列条件的，单位可以仅使用电子会计凭证进行报销入账归档：

（1）接收的电子会计凭证经查验合法、真实；

（2）电子会计凭证的传输、存储安全、可靠，对电子会计凭证的任何篡改能够及时被发现；

（3）使用的会计核算系统能够准确、完整、有效接收和读取电子会计凭证及其元数据，能够按照国家统一的会计制度完成会计核算业务，能够按照国家档案行政管理部门规定格式输出电子会计凭证及其元数据，设定了经办、审核、审批等必要的审签程序，且能有效防止电子会计凭证重复入账；

（4）电子会计凭证的归档及管理符合《会计档案管理办法》（财政部 国家档案局第 79 号令）等要求。

《财政部　国家档案局关于规范电子会计凭证报销入账归档的通知》第四条规定：单位以电子会计凭证的纸质打印件作为报销入账归档依据的，必须同时保存打印该纸质件的电子会计凭证。

鉴于国家电网公司成员单位均已使用会计信息系统，与纸电发票相关的记账凭证、报销凭证等已全部实现电子化，可将纸电发票与相关的记账凭证、报销凭证等电子会计凭证通过归档接口或手工导入电子档案管理系统进行整理、归档并长期保存。归档方法可参照《企业电子文件归档和电子档案管理指南》（档办发〔2015〕4号）。

需要注意的是：

（1）各单位无论采用何种报销、入账方式，只要接收电子发票，必须归档保存电子发票。

（2）采用纸电发票进行报销、入账且本单位财务信息系统能导出符合国家档案部门规定的电子归档格式的，应当将纸电发票与其他电子会计记账凭证等一起归档保存，纸电发票不再需要打印和保存纸质件；不满足上述条件的单位，采用纸电发票OFD版式文件纸质打印件进行报销、入账的，纸电发票应当与其纸质打印件一并交由会计档案人员保存。

此外，《电子发票全流程电子化管理指南》❶对包括增值税电子发票在内的电子会计凭证档案管理提出了操作建议，详见附录E《电子发票档案管理指引参考》。

2. 对参与试点企业的补充说明

根据财政部、税务总局、人民银行、国务院国资委、标准委、国家电子文件管理部际联席会议办公室（密码局）、民航局、中国国家铁路集团有限公司联合印发的《电子凭证会计数据标准试点技术问答（试行）》，国家电网公司被列为增值税电子发票开具端的试点单位，对于参与此次试点的相关单位，开具和收取的纸电发票可参考如下归档方式。

（1）已开具纸电发票的归档。在通过增值税税控系统开具电子专票和电子普票时，同步生成电子凭证结构化数据文件，并将纸电发票和纸电发票凭证结构化数据文件作为最终交付物❷。

（2）已获取纸电发票的归档。在报销业务对应的会计入账完成后、会计凭证归档之前，根据实际入账情况，使用工具包生成入账信息结构化数据文件，再将记账凭证、报销单、电子凭证、电子凭证结构化数据文件、入账信息结构

---

❶　《电子发票全流程电子化管理指南》由国家档案局、财政部、商务部、国家税务总局联合制定下发。

❷　参见《财政部会计司关于公布电子凭证会计数据标准（试行版）的通知》附件1"《电子凭证会计数据标准——增值税电子发票（试行版）》（含增值税电子普通发票和增值税电子专用发票）"。

化数据文件等按相关要求进行电子归档❶。

二、法规制度

《发票管理办法》第二十九条规定：开具发票的单位和个人应当按照税务机关的规定存放和保管发票，不得擅自损毁。已经开具的发票存根联和发票登记簿，应当保存 5 年。保存期满，报经税务机关查验后销毁。

《财政部　国家档案局关于规范电子会计凭证报销入账归档的通知》（财会〔2020〕6 号）

《国家税务总局关于在新办纳税人中实行增值税专用发票电子化有关事项的公告》（国家税务总局公告 2020 年第 22 号）第九条规定：纳税人以电子发票（含电子专票和电子普票）报销入账归档的，按照《财政部　国家档案局关于规范电子会计凭证报销入账归档的通知》（财会〔2020〕6 号）的规定执行。

《国家电网有限公司会计基础管理办法》第一百零一条规定：会计档案的保管期限分为永久、定期两类。定期保管期限一般分为 5 年、10 年和 30 年。需要永久保存的会计档案：税务资料保管清册、税务资料销毁清册……保管期限为 30 年的会计档案：税务档案移交清册……保管期限为 10 年的会计档案：税务台账类资料、各类发票的存根、进项税抵扣联……电子会计档案，其保管期限按照同类纸质会计档案的保管期限执行。

1.4　数电票全生命周期管理环节

1.4.1　数电票标签管理

一、业务描述及流程

数电票引入发票标签和授信管理机制，取代纸质发票和纸电发票的核定环节。

为了满足从事特定行业、经营特殊商品服务及特定应用场景业务（以下简称特定业务）企业开具发票的个性化需求，税务机关根据现行发票开具规定和特定业务场景，在数电票中引入"标签"概念。数电票的标签体系能够实现对数电票功能、状态、用途的具体分类，改变了原先发票种类繁杂的状况，支持对发票流转状态的实时归集。

特定业务包括但不限于光伏收购、建筑服务、旅客运输服务、货物运输服

---

❶　参见《财政部会计司关于公布电子凭证会计数据标准（试行版）的通知》附件 1 "《电子凭证会计数据标准——增值税电子发票（试行版）》"（含增值税电子普通发票和增值税电子专用发票）。

务、不动产销售、不动产经营租赁、农产品收购、稀土、卷烟、代收车船税、自产农产品销售、差额征税等。

数电票的标签管理流程见图1-37，有关操作步骤的内容描述、部门岗位、输出物和风险防控点见表1-44。

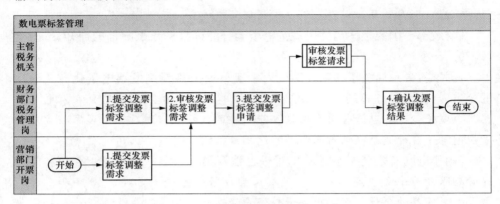

图 1-37　数电票标签管理流程

表 1-44　数电票标签管理流程各步骤说明

步骤名称	步骤描述	部门岗位	输出物	风险防控点
1.提交发票标签调整需求	根据业务开展需要，对发票标签提出调整申请。 电费业务：营销部门开票岗提出发票标签调整需求 非电业务：财务部门税务管理岗提出发票标签调整需求	营销部门/开票岗，财务部门/税务管理岗	发票标签调整需求	
2.审核发票标签调整需求	归集各方发票标签调整需求，评判现有发票标签设置是否可满足	财务部门/税务管理岗	发票标签调整需求	
3.提交发票标签调整申请	向税务机关提交发票标签调整申请	财务部门/税务管理岗	发票标签调整申请	
4.确认发票标签调整结果	确认发票标签的调整结果	财务部门/税务管理岗		

二、法规制度

《国家税务总局广东省税务局关于进一步开展全面数字化的电子发票试点工作的公告》（国家税务总局广东省税务局公告2022年第2号）第六

条❶规定：全电发票❷无需进行发票票种核定和发票领用。

---

❶ 上海、内蒙古、四川、厦门、陕西、天津、重庆、大连、青岛、河南、吉林、福建、云南、深圳、宁波、山西、辽宁、江苏、浙江、江西、海南、甘肃、广西等省级税务机关制发的文件中也有类似规定，相关文件如下：

《国家税务总局上海市税务局关于进一步开展全面数字化的电子发票试点工作的公告》（国家税务总局上海市税务局公告 2022 年第 1 号）

《国家税务总局内蒙古自治区税务局关于进一步开展全面数字化的电子发票试点工作的公告》（国家税务总局内蒙古自治区税务局公告 2022 年第 3 号）

《国家税务总局四川省税务局关于开展全面数字化的电子发票试点工作的公告》（国家税务总局四川省税务局公告 2022 年第 6 号）

《国家税务总局厦门市税务局关于开展全面数字化的电子发票试点工作的公告》（国家税务总局厦门市税务局公告 2020 年第 22 号）

《国家税务总局陕西省税务局关于开展全面数字化的电子发票试点工作的公告》（国家税务总局陕西省税务局公告 2023 年第 1 号）

《国家税务总局天津市税务局关于开展全面数字化的电子发票试点工作的公告》（国家税务总局天津市税务局公告 2023 年第 1 号）

《国家税务总局重庆市税务局关于开展全面数字化的电子发票试点工作的公告》（国家税务总局重庆市税务局公告 2023 年第 1 号）

《国家税务总局大连市税务局关于开展全面数字化的电子发票试点工作的公告》（国家税务总局大连市税务局公告 2023 年第 1 号）

《国家税务总局青岛市税务局关于开展全面数字化的电子发票试点工作的公告》（国家税务总局青岛市税务局公告 2023 年第 1 号）

《国家税务总局河南省税务局关于开展全面数字化的电子发票试点工作的公告》（国家税务总局河南省税务局公告 2023 年第 1 号）

《国家税务总局吉林省税务局关于开展全面数字化的电子发票试点工作的公告》（国家税务总局吉林省税务局公告 2023 年第 1 号）

《国家税务总局福建省税务局关于开展全面数字化的电子发票试点工作的公告》（国家税务总局福建省税务局公告 2023 年第 2 号）

《国家税务总局云南省税务局关于开展全面数字化的电子发票试点工作的公告》（国家税务总局云南省税务局公告 2023 年第 2 号）

《国家税务总局深圳市税务局关于开展全面数字化的电子发票试点工作的公告》（国家税务总局深圳市税务局公告 2023 年第 3 号）

《国家税务总局宁波市税务局关于开展全面数字化的电子发票试点工作的公告》（国家税务总局宁波市税务局公告 2023 年第 1 号）

《国家税务总局山西省税务局关于开展全面数字化的电子发票试点工作的公告》（国家税务总局山西省税务局公告 2023 年第 1 号）

《国家税务总局辽宁省税务局关于开展全面数字化的电子发票试点工作的公告》（国家税务总局辽宁省税务局公告 2023 年第 1 号）

《国家税务总局江苏省税务局关于开展全面数字化的电子发票试点工作的公告》（国家税务总局江苏省税务局公告 2023 年第 1 号）

《国家税务总局浙江省税务局关于开展全面数字化的电子发票试点工作的公告》（国家税务总局浙江省税务局公告 2023 年第 4 号）

《国家税务总局江西省税务局关于开展全面数字化的电子发票试点工作的公告》（国家税务总局江西省税务局公告 2023 年第 1 号）

《国家税务总局海南省税务局关于开展全面数字化的电子发票试点工作的公告》（国家税务总局海南省税务局公告 2023 年第 1 号）

《国家税务总局甘肃省税务局关于开展全面数字化的电子发票试点工作的公告》（国家税务总局甘肃省税务局公告 2023 年第 2 号）

《国家税务总局广西壮族自治区税务局关于开展全面数字化的电子发票试点工作的公告》（国家税务总局广西壮族自治区税务局公告 2023 年第 4 号）

本节后续发票管理环节同样存在数电票开具试点省份出台类似要求的情况，对此不再赘述。

❷ 全电发票，是税务机关在发票电子化改革早期对"全面数字化的电子发票"的简称，与"数电票"的含义一致。

三、涉税事项办理规定

供电公司如有申请或变更数电票标签的需求，可联系主管税务机关。

四、注意事项

由于数电票目前尚处于试点推广阶段，数电票开具试点企业仍可使用纸质发票。考虑到客户群体对原有发票形态的依赖，建议暂不必以数电票完全取代原有发票类型。

1.4.2 数电票授信管理

一、业务描述及流程

授信管理，是指税务机关根据"金税四期"建设的动态"信用＋风险"监控体系，结合纳税人生产经营、开票和申报行为，自动授予并动态调整纳税人的开具金额总额度。

授信额度，是指一个自然月内，企业发票开具总金额（不含增值税）的上限额度，是包括数电票、纸质专票、纸质普票（含卷票）、电子专票和电子普票在内的上限总金额。

数电票的授信额度管理流程见图1-38，有关操作步骤的内容描述、部门岗位、输出物和风险防控点见表1-45。

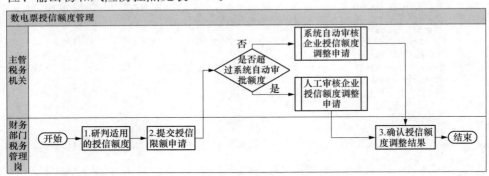

图 1-38　数电票授信额度管理调整流程

表 1-45　　　　　　数电票授信额度管理流程各步骤说明

步骤名称	步骤描述	部门岗位	输出物	风险防控点
1. 研判适用的授信额度	根据本单位经营业务和开票规模，结合当前授信额度设置，财务部门税务管理岗研判拟申请的授信额度	财务部门/税务管理岗	拟申请的授信额度	
2. 提交授信限额申请	向税务机关发起授信额度调整流程	财务部门/税务管理岗	授信额度调整申请	

步骤名称	步骤描述	部门岗位	输出物	风险防控点
3.确认授信额度调整结果	接收税务机关对授信额度的审核反馈	财务部门/税务管理岗		

二、法规制度

《国家税务总局广东省税务局关于进一步开展全面数字化的电子发票试点工作的公告》（国家税务总局广东省税务局公告 2022 年第 2 号）等多地文件规定：税务机关对试点纳税人开票实行开具金额总额度管理。开具金额总额度，是指一个自然月内，试点纳税人发票开具总金额（不含增值税）的上限额度。

（1）试点纳税人通过电子发票服务平台开具的全电发票、纸质专票和纸质普票以及通过增值税发票管理系统开具的纸质专票、纸质普票、增值税普通发票（卷票）、增值税电子专用发票和增值税电子普通发票，共用同一个开具金额总额度。

（2）税务机关依据试点纳税人的税收风险程度、纳税信用级别、实际经营情况等因素，确定初始开具金额总额度，并进行定期调整、临时调整或人工调整。定期调整是指电子发票服务平台每月自动对试点纳税人开具金额总额度进行调整。临时调整是指税收风险程度较低的试点纳税人当月开具发票金额首次达到开具金额总额度一定比例时，电子发票服务平台自动为其临时调增一次开具金额总额度。人工调整是指试点纳税人因实际经营情况发生变化申请调整开具金额总额度，主管税务机关依法依规审核未发现异常的，为纳税人调整开具金额总额度。

（3）试点纳税人在增值税申报期内，完成增值税申报前，在电子发票服务平台中可以按照上月剩余可用额度且不超过当月开具金额总额度的范围内开具发票。试点纳税人按规定完成增值税申报且比对通过后，在电子发票服务平台中可以按照当月剩余可用额度开具发票。

三、涉税事项办理规定

试点纳税人可通过电子发票服务平台税务数字账户申请调整开具金额总额度。

四、注意事项

（1）试点纳税人占用授信额度的规则为：通过电子发票服务平台开具的发票，在发票开具时扣除已实际开具发票的金额；通过税控系统开具的发票，在发票领用时扣除单张最高开票限额与发票领用份数之积。

（2）试点纳税人对当月开具的数电票冲红后，电子发票服务平台同步增加其可用授信额度。该授信额度的释放规则不适用对以前月份开具的数电票冲红场景。

1.4.3 数电票开具与交付

一、业务描述及流程

数电票开具，是指为服务会计核算和开展税收管理需要，以数电票形式，由收款方向付款方开具证明销售商品、提供服务，以及从事其他经营活动的发生的凭证。在特殊情况下，可由付款方向收款方开具发票。

目前，数电票的交付有系统自动交付和企业自行交付两种模式。前者是指在发票开具成功后，电子发票服务平台默认将数电票文件及数据自动交付至购买方税务数字账户（包括法人和自然人）；后者是指企业通过邮件、二维码等途径交付 PDF、OFD、XML 等格式文件。对于开具的数电票一般以通过税务数字账户的系统自动交付方式为主（根据法人的统一社会信用代码或纳税人识别号，以及个人的身份证件号进行归集），"网上国网"等应用提供的自行交付方式为补充。对供电业务，由营销系统依据电费发行数据自动生成待开票交易记录，在用户提出开票申请后，由营销部门开票岗在营销系统中选取相关交易记录开票。

供电业务的数电票开具流程见图 1-39，有关操作步骤的内容描述、部门岗位、输出物和风险防控点见表 1-46。

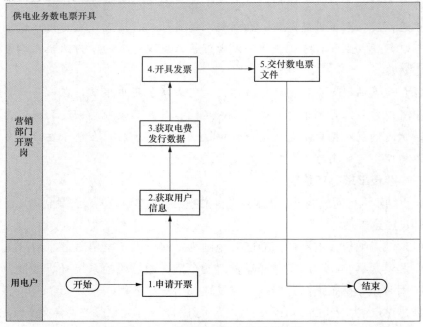

图 1-39　供电业务数电票开具流程

表 1-46　　　　　　　　供电业务数电票开具流程各步骤说明

步骤名称	步骤描述	部门岗位	输出物	风险防控点
1. 申请开票	用户通过营业厅或应用软件发起开票申请	用电户		
2. 获取用户信息	通过营销系统，获取用电户开票所需的基本信息	营销部门/开票岗	用户基本信息	用电户基本信息不全时，需补充完整后方可开具发票
3. 获取电费发行数据	通过营销系统，获取用电户申请的待开票电费发行记录	营销部门/开票岗	发票开具信息	（1）税收分类编码及对应税率按内置规则生成。 （2）除冲红外，电费发行记录应只能开票一次
4. 开具发票	根据营销系统获取的用电户基本信息和电费发行记录，生成发票开具内容，经确认无误后，由电子发票服务平台对发票进行赋码，生成数电票	营销部门/开票岗	数电票	（1）不得在缺少待开票交易记录的情况下直接开具发票。 （2）对增值税小规模纳税人不得开具增值税专用发票
5. 交付数电票文件	以邮件、二维码途径，向开票申请人交付 PDF、OFD、XML 等格式的数电票文件		数电票文件	

对于非电业务，通常由业务部门人员提出开票申请，财务部门在收到开票申请并确认后，完成发票开具。

非电业务的数电票开具流程见图 1-40，有关操作步骤的内容描述、部门岗位、输出物和风险防控点见表 1-47。

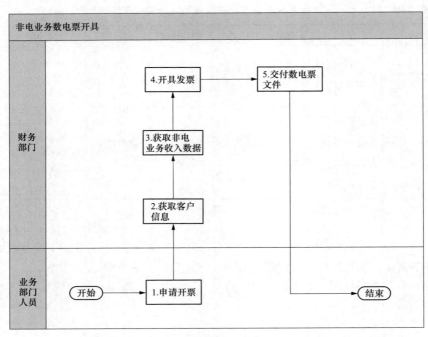

图 1-40　非电业务数电票开具流程

表 1-47　　　　　　　　　　　非电业务数电票开具流程各步骤说明

步骤名称	步骤描述	部门岗位	输出物	风险防控点
1. 申请开票	业务人员向税务管理岗提出开票请求	业务部门人员	开票请求	
2. 获取客户信息	获取客户开票所需基本信息	财务部门	客户基本信息	客户基本信息不全时，需补充完整后方可开具发票
3. 获取非电业务收入数据	获取待开票的非电业务收入	财务部门	发票开具信息	（1）税收分类编码及对应税率按内置规则生成。 （2）除冲红外，电费发行记录应只能开票一次

续表

步骤名称	步骤描述	部门岗位	输出物	风险防控点
4. 开具发票	根据已获取的客户基本信息和非电业务收入经确认无误后，生成发票开具内容，由电子发票服务平台对发票进行赋码，生成数电票	财务部门	数电票	（1）不得在缺少待开票交易记录的情况下直接开具发票。 （2）对增值税小规模纳税人不得开具增值税专用发票
5. 交付数电票文件	以邮件、二维码途径，向开票申请人交付 PDF、OFD、XML 等格式的数电票文件		数电票文件	

二、法规制度

《发票管理办法》第十九条规定：销售商品、提供服务以及从事其他经营活动的单位和个人，对外发生经营业务收取款项，收款方应当向付款方开具发票；特殊情况下，由付款方向收款方开具发票。

《中华人民共和国发票管理办法实施细则》第二十六条规定：填开发票的单位和个人必须在发生经营业务确认营业收入时开具发票。未发生经营业务一律不准开具发票。

《国家税务总局货物和劳务税司关于做好增值税发票使用宣传辅导有关工作的通知》（税总货便函〔2017〕127 号）附件《增值税发票开具指南》第二章第一节第十一条规定：属于下列情形之一的，不得开具增值税专用发票：

（一）向消费者个人销售货物、提供应税劳务或者发生应税行为的；

（二）销售货物、提供应税劳务或者发生应税行为适用增值税免税规定的，法律、法规及国家税务总局另有规定的除外；

（三）部分适用增值税简易征收政策规定的：

1. 增值税一般纳税人的单采血浆站销售非临床用人体血液选择简易计税的。

2. 纳税人销售旧货，按简易办法依 3% 征收率减按 2% 征收增值税的。

3. 纳税人销售自己使用过的固定资产，适用按简易办法依 3% 征收率减按 2% 征收增值税政策的。纳税人销售自己使用过的固定资产，适用简易办法依照 3％征收率减按 2％征收增值税政策的，可以放弃减税，按照简易办法依照 3％征收率缴纳增值税，并可以开具增值税专用发票。

（四）法律、法规及国家税务总局规定的其他情形。

《国家税务总局广东省税务局关于进一步开展全面数字化的电子发票试点工作的公告》（国家税务总局广东省税务局公告 2022 年第 2 号）等多地文件规定：试点纳税人通过实名验证后，无需使用税控专用设备即可通过电子发票服务平台开具发票，无需进行发票验旧操作；第九条规定：试点纳税人可以通过电子发票服务平台税务数字账户自动交付全电发票，也可通过电子邮件、二维码等方式自行交付全电发票。

《国家电网有限公司会计基础管理办法》第五十条规定：各级单位销售货物、提供加工修理修配劳务和发生应税行为，使用税务部门规定系统开具发票。在开具发票时，选择相应的商品和服务税收分类与编码开具增值税发票。各级单位不得为他人开具与实际经营业务不符的发票，不得提前开具发票。

三、注意事项

（1）由于数电票采用发票要素，能够将纳税人原填写在备注栏的字符串信息转化为可读取、可加工、可利用的结构化信息，并允许企业进一步自定义部分要素。鉴于此，各级单位可将第二章对不同业务场景开票规则中的备注内容分别予以要素化。

（2）对于现有或新加入用电户，补充采集邮箱信息（以用电客户单位邮箱为佳）。

（3）由于未来一段时间内，纸质发票、纸电发票和数电票并行，建议增加对用电客户发票形式偏好的设置，以提高受众体验。

（4）数电票的载体为电子文件，无最大开票行数限制，交易项目明细能够在数电票中全部展示，无需开具销货清单。

（5）供电公司从分布式光伏自然人处购电，可由供电公司代开数电票。

1.4.4 数电票冲红

一、业务描述及流程

数电票冲红，是指企业开具增值税发票后，发生开票有误、销货退回、销售折让等情形，以数电票形式所开具的红字增值税发票。红字数电票不再区分红字专票和红字普票。

（一）红字发票信息确认单的开具及确认

（1）开票方开具数电票后，受票方未做用途确认及入账确认的，开票方在电子发票服务平台填开《红字发票信息确认单》（以下简称《红字确认单》）后全额开具红字数电票，无需受票方确认。

（2）受票方已进行用途确认或入账确认的，按照以下步骤操作：

1）受票方使用电子发票服务平台，开票方或受票方均可在该平台填开并上传《红字确认单》，经对方在电子发票服务平台确认后，开票方才可全额或部分开具红字数电票。

2）受票方继续使用增值税发票综合服务平台，由开票方在电子发票服务平台填开并上传《红字确认单》，经受票方在增值税发票综合服务平台确认后，开票方全额或部分开具红字数电票或红字纸质发票。

（二）开具红字发票

当红字确认单状态是购销双方已确认状态或者无需确认状态时，操作人员可选择该记录开具红字发票。不同场景下数电票冲红操作要点见表 1-48。

表 1-48　　　　　　　　不同场景下数电票冲红操作要点

受票方系统	是否已确认用途或入账确认	冲红发起方	冲红发起系统	信息确认方	信息确认系统
电子发票服务平台	否	开票方	电子发票服务平台	无需确认	无需确认
	是	开票方	电子发票服务平台	受票方	电子发票服务平台
		受票方	电子发票服务平台	开票方	电子发票服务平台
增值税发票综合服务平台	否	开票方	电子发票服务平台	无需确认	无需确认
	是	开票方	电子发票服务平台	受票方	增值税发票综合服务平台

红字数电票的开具流程见图 1-41，有关操作步骤的内容描述、部门岗位、输出物和风险防控点见表 1-49。

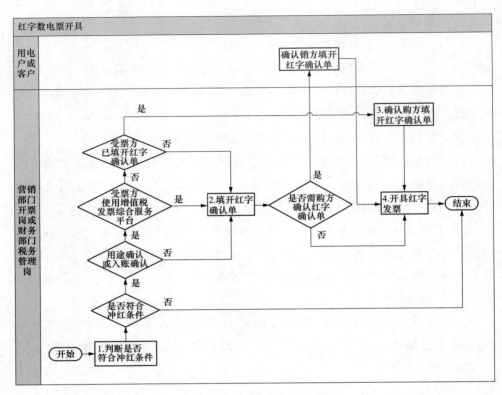

图 1-41　红字数电票开具流程

表 1-49　　　　　　　　红字数电票开具流程各步骤说明

步骤名称	步骤描述	部门岗位	输出物	风险防控点
1. 判断是否符合冲红条件	判断是否符合开具红字数电票条件	营销部门/开票岗，财务部门/税务管理岗		（1）发生销售退回、开票有误、应税服务中止。 （2）发票抵扣联、发票联均无法认证。 （3）因销售部分退回以及发生销售折让。 （4）原发票作废情形

续表

步骤名称	步骤描述	部门岗位	输出物	风险防控点
2. 填开红字确认单	（1）若受票方未做用途确认及入账确认的，由开票方填开《红字确认单》； （2）若受票方使用电子发票服务平台已进行用途确认或入账确认的，如收票方尚未填开《红字确认单》，由开票方填开《红字确认单》； （3）若受票方使用增值税发票综合服务平台已进行用途确认或入账确认的，由开票方填开《红字确认单》	营销部门/开票岗，财务部门/税务管理岗	红字确认单	
3. 确认购方填开红字确认单	在受票方已进行用途确认或入账确认前提下，查询并确认红字确认单状态	营销部门/开票岗，财务部门/税务管理岗	红字确认单状态	在受票方已进行用途确认或入账确认的情况下填开的《红字确认单》需要受票方确认
4. 开具红字发票	当红字确认单状态为购销双方已确认或者无需确认时： 对电费业务红字发票，营销部门开票岗根据《红字确认单》开具红字数电票； 对非电业务发票，财务部门税务管理岗根据《红字确认单》开具红字数电票	营销部门/开票岗，财务部门/税务管理岗	红字数电票	《红字确认单》未在确认当月开具红字发票的，系统提示相关部门人员及时开具

二、法规制度

《发票管理办法》第二十七条规定：开具发票后，如发生销货退回需开红字发票的，必须收回原发票并注明"作废"字样或取得对方有效证明。开具发票后，如发生销售折让的，必须在收回原发票并注明"作废"字样后重新开具销售发票或取得对方有效证明后开具红字发票。

《国家税务总局关于红字增值税发票开具有关问题的公告》（国家税务总局公告 2016 年第 47 号）。

《国家税务总局广东省税务局关于进一步开展全面数字化的电子发票试点工作的公告》（国家税务总局广东省税务局公告 2022 年第 2 号）等多地文件规定：试点纳税人发生开票有误、销货退回、服务中止、销售折让等情形，需要通过电子发票服务平台开具红字全电发票或红字纸质发票的，按以下规定执行：

（一）受票方已进行用途确认或入账确认的，开票方或受票方可以填开并上传《红字发票信息确认单》，经对方确认后，开票方全额或部分开具红字全电发票或红字纸质发票。

受票方已将发票用于增值税申报抵扣的，应暂依《确认单》所列增值税税额从当期进项税额中转出，待取得开票方开具的红字发票后，与《确认单》一并作为记账凭证。

（二）受票方未做用途确认及入账确认的，开票方填开《确认单》后全额开具红字全电发票或红字纸质发票，无需受票方确认。原蓝字发票为纸质发票的，开票方应收回原纸质发票并注明"作废"字样或取得受票方有效证明。

1.4.5 数电票收取

一、业务描述及流程

由于数电票以非实物形态交付，在进行发票查验之前，各级单位需要根据相关省市的数电票试点方案，收取用于付款或报销的数电票。

（1）自税务数字账户提取。

业务人员从所在单位的税务数字账户查询并提取数电票文件。

（2）由上游企业自行交付。

全体人员可从开票方提供的电子邮件、二维码中提取 PDF、OFD、XML 等格式的数电票文件。

数电票的收取流程见图 1-42，有关操作步骤的内容描述、部门岗位、输出物和风险防控点见表 1-50。

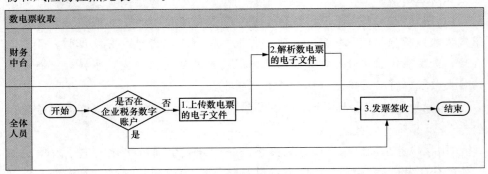

图 1-42　数电票收取流程

表 1-50　　　　　　　　　　数电票收取流程各步骤说明

步骤名称	步骤描述	部门岗位	输出物	风险防控点
1. 上传数电票电子文件	对于以个人为受票方的数电票，在发起报销流程中相关人员上传已下载的数电票文件	全体员工	数电票文件	
2. 解析数电票电子文件	从上传的数电票文件中提取结构化数据		发票结构化数据	
3. 发票签收	付款流程或报销流程的发起人对于数电票进行签收，建立付款人（报销人）与发票之间的关联关系	全体员工	发票关联关系	

二、法规制度

《发票管理办法》第二十条规定：所有单位和从事生产、经营活动的个人在购买商品、接受服务以及从事其他经营活动支付款项，应当向收款方取得发票。

《国家税务总局广东省税务局关于进一步开展全面数字化的电子发票试点工作的公告》（国家税务总局广东省税务局公告 2022 年第 2 号）等多地文件规定：试点纳税人的电子发票服务平台税务数字账户自动归集发票数据，供试点纳税人进行发票的查询、查验、下载、打印和用途确认，并提供税收政策查询、开具金额总额度调整申请、发票风险提示等功能。

1.4.6　数电票查验

一、业务描述及流程

企业业务人员在获取数电票的结构化数据后，调用发票查重、验真共享服务，实现基于发票池已有入账数据对发票进行实时查重，基于电子底账库数据对发票进行验真比对，并实时反馈查验结果至前端应用，防止假票入企，规避重复入账风险。

与数电票查验有关的流程设置、操作步骤、部门岗位、输出物和风险防控点与章节"1.3.14 纸电发票查验"相关内容一致。

二、法规制度

《发票管理办法》第二十一条规定：不符合规定的发票，不得作为财务报销凭证，任何单位和个人有权拒收。

《发票管理办法实施细则》第三十三条规定：用票单位和个人有权申请税务机关对发票的真伪进行鉴别。收到申请的税务机关应当受理并负责鉴别发票的真伪；鉴别有困难的，可以提请发票监制税务机关协助鉴别。

《国家税务总局关于发布〈企业所得税税前扣除凭证管理办法〉的公告》（国家税务总局 2018 年 28 号公告）第十二条规定：企业取得私自印制、伪造、变造、作废、开票方非法取得、虚开、填写不规范等不符合规定的发票，以及取得不符合国家法律、法规等相关规定的其他外部凭证，不得作为税前扣除凭证。

《国家税务总局广东省税务局关于进一步开展全面数字化的电子发票试点工作的公告》（国家税务总局广东省税务局公告 2022 年第 2 号）等多地文件规定：试点纳税人的电子发票服务平台税务数字账户自动归集发票数据，供试点纳税人进行发票的查询、查验、下载、打印和用途确认，并提供税收政策查询、开具金额总额度调整申请、发票风险提示等功能。

三、注意事项

除利用财务中台共享服务，还可通过以下方式查验数电票：

（1）单位和个人可通过全国增值税发票查验平台（https://inv-veri.chinatax.gov.cn）查验数电票信息。

（2）单位可通过电子发票服务平台税务数字账户发票查验模块对数电票进行查验。

1.4.7 数电票审核

一、业务描述及流程

企业财务部门在收到供应商开具或员工报销的数电票结构化数据后，应及时调用发票合规性校验共享服务，对查验通过的增值税发票进行票面信息校验，包括但不限于票面填开情况、备注栏、购买方信息、发票敏感内容等信息校验。对于校验不符的票据，提醒报销人员或业务人员，以便于尽快重新获票。

与数电票审核有关的流程设置、操作步骤、部门岗位、输出物和风险防控点与章节"1.2.15 纸质发票审核"相关内容一致。

发票合规性校验共享服务包括以下内容：

（1）票面填开情况校验服务。内置票面填开情况校验规则，判断增值税发票填写项目是否齐全。

（2）备注栏合规性校验服务。依税法规定，发票备注栏内容要求及校验规则如表 1-30 所示。

（3）购买方信息校验服务。内置购买方信息校验规则，将增值税发票结构化数据中的购买方信息，即购买方名称、购买方纳税人识别号、购买方电话、地址等，与企业税务登记信息进行比对，防止不合规发票进入发票池。

（4）发票敏感内容校验服务。内置发票敏感性检查规则，对异常发票、敏感发票（货物或应税劳务，服务名称中出现烟、酒、茶等敏感词）向审核人员进行提醒。

二、法规制度

政策法规可参见章节"1.2.15 纸质发票审核"相关内容。

1.4.8 数电票业票关联

一、业务描述

通过关键信息匹配，建立发票和采购订单、合同、结算单等业务单据间的关联关系，为账票核对、发票抵扣及统计分析等工作开展奠定数据基础。

在构建供应商协同体系的前提下，国家电网公司成员单位可要求上游企业将合同、订单号或利润中心等精益核算要素作为备注栏中的企业自定义发票要素予以提供，据此进一步推动实现发票与业务的自动关联。

二、法规制度

《国家电网有限公司会计基础管理办法》第五十一条规定：具备条件的单位可适用原始凭证电子化数据中心影像信息存储功能，通过扫描等方式将原始凭证信息上传系统，实施原始凭证电子化管理。同时逐步深化系统集成，通过合同自动关联、OCR（智能识别）、电子发票、电子签章等功能，实现业务全程在线自动处理。

1.4.9 数电票入账

一、业务描述

记账凭证是会计人员根据审核无误的原始凭证或汇总原始凭证，按照经济业务性质确定会计分录后生成的会计凭证。发票作为原始凭证中最常见的形式，与相关记账凭证之间存在关联性。在此基础上，需要对发票的入账状态予以维护，并在条件允许时建立发票与记账凭证之间的关联关系。

数电票新增"发票入账"标识字段，涉及申请入账和撤销入账两类操作。其中，申请入账包括入账成功、查无此票、该票异常无法入账和重复入账等状态。

二、法规制度

《财政部　国家档案局关于规范电子会计凭证报销入账归档的通知》（财会〔2020〕6号）。

《国家税务总局广东省税务局关于进一步开展全面数字化的电子发票试点工作的公告》（国家税务总局广东省税务局公告2022年第2号）等多地文件规定：试点纳税人可通过电子发票服务平台税务数字账户标记发票入账标识。纳税人以全电发票报销入账归档的，按照财政和档案部门的相关规定执行。

《国家电网有限公司会计基础管理办法》附件《电网企业经济业务审核手册》"所需业务单据"。

三、注意事项

目前，对于企业在电子发票服务平台上维护发票入账标识为非必要完成事项。

1.4.10　数电票用途确认

一、业务描述及流程

作为增值税一般纳税人，企业可基于税务机关确认的数电票，在增值税纳税申报表填报进项税额或申请出口退税、代办退税。

与数电票用途确认有关的流程设置、操作步骤、部门岗位、输出物和风险防控点与章节"1.2.18 纸质发票用途确认"相关内容一致。

二、法规制度

《增值税暂行条例》第八条规定：纳税人购进货物、劳务、服务、无形资产、不动产支付或者负担的增值税额，为进项税额。

下列进项税额准予从销项税额中抵扣：

（一）从销售方取得的增值税专用发票上注明的增值税额。

（二）从海关取得的海关进口增值税专用缴款书上注明的增值税额。

（三）购进农产品，除取得增值税专用发票或者海关进口增值税专用缴款书外，按照农产品收购发票或者销售发票上注明的农产品买价和扣除率计算的进项税额，国务院另有规定的除外。进项税额计算公式：

进项税额 ＝ 买价×扣除率

（四）自境外单位或者个人购进劳务、服务、无形资产或者境内的不动产，从税务机关或者扣缴义务人取得的代扣代缴税款的完税凭证上注明的增值税额。

准予抵扣的项目和扣除率的调整，由国务院决定。

《国家税务总局广东省税务局关于进一步开展全面数字化的电子发票试点工作的公告》（国家税务总局广东省税务局公告 2022 年第 2 号）等多地文件规定：试点纳税人的电子发票服务平台税务数字账户自动归集发票数据，供试点纳税人进行发票的查询、查验、下载、打印和用途确认，并提供税收政策查询、开具金额总额度调整申请、发票风险提示等功能。

三、注意事项

企业进行发票用途确认后，将锁定当期勾选操作，如需继续勾选，可通过用途确认撤销后再继续勾选。

发票为异常增值税扣税凭证的，无法进行用途确认。

企业通过电子发票服务平台确认发票用途后，如果出现发票用途确认错误的情形，税务机关可为纳税人提供规范、便捷的更正服务。

1.4.11 数电票归档

一、业务描述

1. 基本规范

数电票是电子发票的最新形态，作为电子会计凭证的组成类型，根据《财政部 国家档案局关于规范电子会计凭证报销入账归档的通知》（财会〔2020〕6 号）第三条的规定，除法律和行政法规另有规定外，同时满足下列条件的，单位可以仅使用电子会计凭证进行报销入账归档：

（1）接收的电子会计凭证经查验合法、真实。

（2）电子会计凭证的传输、存储安全、可靠，对电子会计凭证的任何篡改能够及时被发现。

（3）使用的会计核算系统能够准确、完整、有效接收和读取电子会计凭证及其元数据，能够按照国家统一的会计制度完成会计核算业务，能够按照国家档案行政管理部门规定格式输出电子会计凭证及其元数据，设定了经办、审核、审批等必要的审签程序，且能有效防止电子会计凭证重复入账。

（4）电子会计凭证的归档及管理符合《会计档案管理办法》（财政部 国家档案局第 79 号令）等要求。

《财政部 国家档案局关于规范电子会计凭证报销入账归档的通知》第四条规定：单位以电子会计凭证的纸质打印件作为报销入账归档依据的，必须同时保存打印该纸质件的电子会计凭证。

供电企业可将数电票与相关的记账凭证、报销凭证等电子会计凭证通过归档接口或手工导入电子档案管理系统进行整理、归档并长期保存。归档方法可参照《企业电子文件归档和电子档案管理指南》（档办发〔2015〕4号）。

需要注意的是：

（1）各单位无论采用何种报销、入账方式，只要接收电子发票，必须归档保存电子发票。

（2）采用数电票进行报销、入账且本单位财务信息系统能导出符合国家档案部门规定的电子归档格式的，应当将数电票文件与其他电子会计记账凭证等一起归档保存，数电票不再需要打印和保存纸质件；不满足上述条件的单位，采用数电票PDF、OFD格式文件纸质打印件进行报销、入账的，数电票文件应当与其纸质打印件一并交由会计档案人员保存。

此外，《电子发票全流程电子化管理指南》对包括数电票在内的电子会计凭证档案管理提出了操作建议，详见附录E《电子发票档案管理指引参考》。

2. 对参与试点企业的补充说明

《财政部会计司关于公布电子凭证会计数据标准（试行版）的通知》对数电票、铁路电子客票和航空运输电子客票行程单，作为电子凭证的会计数据标准提出了具体要求。

二、法规制度

《发票管理办法》第二十九条规定：开具发票的单位和个人应当按照税务机关的规定存放和保管发票，不得擅自损毁。已经开具的发票存根联和发票登记簿，应当保存5年。保存期满，报经税务机关查验后销毁。

《财政部 国家档案局关于规范电子会计凭证报销入账归档的通知》（财会〔2020〕6号）。

《国家电网有限公司会计基础管理办法》第一百零一条规定：会计档案的保管期限分为永久、定期两类。定期保管期限一般分为5年、10年和30年。需要永久保存的会计档案：税务资料保管清册、税务资料销毁清册……保管期限为30年的会计档案：税务档案移交清册……保管期限为10年的会计档案：税务台账类资料、各类发票的存根、进项税抵扣联……电子会计档案，其保管期限按照同类纸质会计档案的保管期限执行。

2 开票业务管理规范

随着电网企业在服务国家战略、推动能源电力转型升级、实现高质量发展等领域不断取得新突破和新成就，相关业务的发票管理规范亟待更新和补充。本章以业务视角对电网企业的发票开具规范予以明确，涉及售电、发电、工程施工、充换电、科技服务、资产租赁等。

2.1 电力产品销售业务

尽管供电公司与发电企业、售电公司、用户、电力交易中心等市场主体之间的业务往来日趋复杂和多样化，但是供电公司在结算中的定位基本一致。其中，电力交易中心负责提供售电公司、批发市场用户的电费结算数据，供电公司提供代理购电用户（含零售市场用户和电网企业代理购电用户）、居民农业用户的电费结算数据；同时，供电公司向电力用户收取电费、向发电公司支付电费，以及与售电公司结算电费差额。从整体上看，供电公司向电力用户开具发票，与售电公司在不同场景中分别开具或收取发票，自发电企业收取发票。

供电公司在当前电力市场上所面对各类主体构成情况见图 2-1。

自 2021 年 10 月起，我国取消工商业目录销售电价，全部工商业用户采取直接参与电力市场交易或以代理购电方式购买电力。

按照获取电能方式，可以将现有电力用户分为以下四类：

（1）批发市场用户。在电力批发市场上，批发市场用户通过电力市场交易平台与发电企业开展电能交易。

（2）零售市场用户。售电公司在电力批发市场向发电企业购买电能后，在电力零售市场向零售市场用户出售电能。

（3）电网企业代理购电用户。尚未直接参与市场交易的工商业电力用户可通过电网企业代理购电。

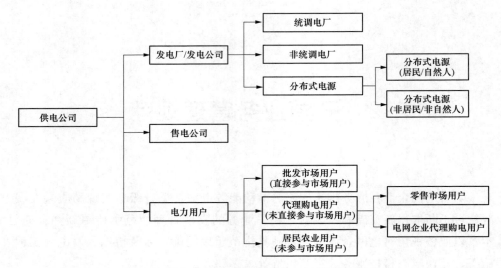

图 2-1 供电公司面对的三大类、七小类市场主体

（4）居民农业用户。涉及居民（含执行居民电价的学校、社会福利机构、社区服务中心等公益性事业用户）用电和农业用电（含农业生产用电❶）。

2.1.1 向电力用户供电收入开票

一、业务场景名称

向电力用户供电收入开票。

二、业务场景描述

对于批发市场用户，供电公司按照发电企业、供电公司、用户之间自愿签订的三方合同，收取批发市场用户电费。电费单价包含交易价格、输配电价、政府性基金及附加等三部分。其中，交易价格（批发电费）按照三方确认或签订的《电力直接交易三方合同》约定电价执行。

对于零售市场用户，供电公司按照发电企业、供电公司、售电公司和用户之间自愿签订的多方合同，收取零售市场用户电费及代收政府性基金。电费单价包含交易价格、输配电价、政府性基金及附加。其中，交易价格（售电公司代理购电价格）按照用户、售电公司签订的《电力零售市场购售电合同》约定

---

❶ 农业生产用电，是指农作物种植、林木培育和种植、畜牧业和渔业、农业排灌、农产品初加工和贮藏、秸秆初加工及保鲜仓储设施用电，不包括其他农、林、牧、渔服务业用电。农业生产用电价格分为农业生产电价、农业排灌电价、多级扬水电价。

的电价执行。

对于电网企业代理购电用户，供电公司作为代理购电机构，根据与用户之间自愿签订的购售电合同，收取代理购电用户电费。电费单价包含交易价格、输配电价、政府性基金及附加。其中，交易价格（电网企业代理购电价格）基于代理用户的购电费（含偏差电费）和购电量确定。供电公司按月对代理用户的用电量进行预测，在市场中按照市场交易价格采购电量，进而形成平均上网电价；此外，代理购电用户需要分摊或分享供电公司为保障居民农业用电价格产生的新增损益。

对于居民用户和农业生产户，目前仍采取政府定价模式销售电力产品。

三、涉票业务流程

（1）供电公司售电收入确认。供电公司按购电价格和当月用电量，确定销售收入（包括电费收入和代征基金及附加），计提销项税额。

（2）供电公司售电收入开票。供电公司营销部门开票岗依用户申请，向用户开具销售电力产品发票。

四、 发票开具规则❶

（一）供电公司向工商业用户开具的销售电力产品发票

【增值税发票类型】

增值税专用发票或增值税普通发票。

当电力用户为增值税小规模纳税人时，开具增值税普通发票❷。

【购买方信息】

电力用户的名称、纳税人识别号、地址、电话、开户行及账号。

【销售方信息】

供电公司的名称、纳税人识别号、地址、电话、开户行及账号。

【商品及服务名称/税收商品编码/税率】

＊供电＊电费/1100101020100000000/13％。

【单位】

千瓦时。

---

❶ 本章节设定商品销售方或服务提供方为增值税一般纳税人。若商品销售方或服务提供方为增值税小规模纳税人，开票适用税率参见附件C"开票内容与税率对照简表"的有关内容。

❷ 鉴于增值税小规模纳税人取得增值税专用发票后无法抵扣税额，为减少非必要的空白增值税专用发票申领次数，默认开具增值税普通发票。

【单价】

电费单价，含交易价格、输配电价、政府性基金及附加。

【数量】

供电公司对电力用户的抄见电量。

【备注】

用电客户编号 ＋ 电费年月。

（二）供电公司向居民用户开具的销售电力产品发票

【增值税发票类型】

增值税普通发票。

【购买方信息】

居民用户的姓名、地址。

【销售方信息】

供电公司的名称、纳税人识别号、地址、电话、开户行及账号。

【商品及服务名称/税收商品编码/税率】

＊供电＊电费/1100101020100000000/13％；

＊供电＊农村电网维护费/1100101020300000000/免税❶。

【单位】

千瓦时。

【单价】

目录电价。

【数量】

供电公司抄表电量。

【备注】

用电客户编号 ＋ 电费年月。

（三）供电公司向农业生产户开具的销售电力产品发票

【增值税发票类型】

增值税专用发票或增值税普通发票。

---

❶ 根据《国家税务总局关于农村电网维护费征免增值税问题的通知》（国税函〔2009〕591号）规定：根据《财政部 国家税务总局关于免征农村电网维护费增值税问题的通知》（财税字〔1998〕47号）规定，对农村电管站在收取电价时一并向用户收取的农村电网维护费（包括低压线路损耗和维护费以及电工经费）免征增值税。此外，农村电网维护费的征收范围由各省市发展改革委以文件形式明确，比较常见的征收范围是城乡居民生活用电量。

当用电客户为增值税小规模纳税人时，开具增值税普通发票。

【购买方信息】

农业生产户的名称、纳税人识别号、地址、电话、开户行及账号。

【销售方信息】

供电公司的名称、纳税人识别号、地址、电话、开户行及账号。

【商品及服务名称/税收商品编码/税率】

＊供电＊电费/1100101020100000000/13％。

【单位】

千瓦时。

【单价】

目录电价。

【数量】

供电公司抄表电量。

【备注】

用电客户编号 ＋ 电费年月。

五、其他事项

1. 向非直供电总分表单位供电开票

为妥善解决并有效规范增值税一般纳税人（以下简称为承租方）通过经营场所出租方（以下简称出租方）向供电公司代购电力产品取得进项抵扣凭证的问题，在承租方通过经营场所出租方与供电公司签订代购电力产品协议（如税务机关要求）或者提供房屋租赁协议的前提下，承租方和出租方双方按期通过非直供电总分表单位电费分割单和非直供电增值税一般纳税人分表电费汇总表（如需）确认承租方生产经营实际用电数据，提交给供电公司作为开具发票的凭证。供电公司经确认无误后，向承租方开具增值税专用发票。

供电公司营销部门开票岗审核承租户开票申请时，应重点关注：

（1）增值税专用发票上栏目信息是否齐全、完整、准确。

（2）单价是否与国家规定的电价一致。

（3）是否提供房屋租赁协议、非直供电总分表单位电费分割单、非直供电增值税一般纳税人分表电费汇总表、电费款项支付凭证等资料；如有要求，是否已签订代购电力产品协议。

（4）同一出租方出具的非直供电总分表单位电费分割单所载电量合计是否小于该出租方总表电量。

（5）申请开票的电力产品销售记录是否超过非直供电总分表单位电费分割单上的汇总电量。

（6）非直供电增值税一般纳税人分表电费汇总表（如有）信息，与不同出租方提供的该承租方非直供电总分表单位电费分割单信息是否一致。

（7）开票日期是否与纳税义务发生时间相符。

2. 向城乡低保、农村五保对象提供免费用电量开票

各省（市）政府制定的居民用电价格政策对城乡"低保户"和农村"五保户"家庭每户每月给予 10 度或 15 度的免费用电量。各地在政策执行过程中存在两种处理方式，具体执行方式由当地发展改革委、民政部门制定。

（1）先征后返方式。即城乡低保、农村五保对象先自行缴纳电费，供电公司在核对民政部门提供的低保、五保对象信息后，按照抄见电量和正常居民生活用电价格发行电费，向民政部门结算与免费用电量相关的电费收入和代征基金并统一划拨到民政专户，再由民政部门发放至每位城乡低保、农村五保对象手中。

（2）即征即退方式。对符合条件的城乡低保、农村五保对象直接落实电费补贴，先由供电公司在营销系统中登记，将每月免费电量按"0"电价处理，相关电费不再向城乡低保、农村五保对象收取，在发票开具时，"数量"栏填列抄表电量扣除免费使用电量后的余额或在同一张发票上以开具折扣行的形式体现（在"金额"栏中填列免费使用的电量与目录电价相乘结果的负值，"商品及服务名称""税收商品编码""税率"的填列内容与通常情况下向居民用户供电开票的内容一致）。

2.1.2 对部分行业执行差别电价收费开票

一、业务场景名称

对部分行业执行差别电价收费开票。

二、业务场景描述

为抑制高耗能行业盲目发展，促进经济发展方式转变和经济结构调整，提高能源利用效率，各地根据国家发展改革委部署，对钢铁、水泥、电解铝等行业中高耗能企业执行差别电价。差别电价的收取范围和标准由政府相关部门确定。供电公司在征收差别电价加价电费后，向企业开具由省级财政部门统一印（监）制的财政票据，相关款项不计征增值税及企业所得税。

三、涉票业务流程

（1）省级供电公司维护省（市、自治区）发改委提供的高耗能企业名单和

差别电价收取标准。

（2）供电公司按照抄见电量，确认高耗能企业的差别电价加价电费。

（3）省级供电公司按季度汇总开具财政票据。

四、发票开具规则

【票据类型】

省级财政部门统一印（监）制的财政票据。

【交款方信息】

交纳差别电价加价电费的高耗能企业名称。

【项目名称】

差别电价收入。

【单价】

差别电价。

【数量】

抄见电量。

【备注】

用电客户编号 ＋ 电费年月 ＋ 差别电价电费。

2.1.3 增量配售电收入开票

一、业务场景名称

增量配售电收入开票。

二、业务场景描述

增量配售电业务，是指对地方政府或其他主体建设运营的地方电网和按照《有序放开配电网业务管理办法》[①]投资、运营的增量配电网，核定独立配电价格，加强配电价格监管，由增量配售电公司负责区域内用户的电费结算，将用户应承担的省级电网输配电价、政府性基金及附加，支付给供电公司。增量配电网，是指110千伏及以下电压等级电网和220（330）千伏及以下电压等级工业园区（经济开发区）等局域电网，不涉及220千伏以上输电网建设。

按照《国家发展改革委关于印发〈区域电网输电价格定价办法（试行）〉〈跨省跨区专项工程输电价格定价办法（试行）〉和〈关于制定地方电网和增量配电网配电价格的指导意见〉的通知》（发改价格〔2017〕2269号）要求，配

[①] 《国家发展改革委　国家能源局关于印发〈售电公司准入与退出管理办法〉和〈有序放开配电网业务管理办法〉的通知》（发改经体〔2016〕2120号）

电网区域内电力用户的用电价格由上网电价或市场交易电价、上一级电网输配电价、配电网配电价格、政府性基金及附加组成。用户承担的配电网配电价格与上一级电网输配电价之和不得高于其直接接入相同电压等级对应的现行省级电网输配电价。

三、涉票业务流程

（1）客户签约用电：增量配售电公司与用电客户签订售电合同。

（2）售电收入确认：增量配售电公司按照约定的电价和客户抄见电量确定销售收入（包括电费收入和代征基金及附加）并计提销项税额。

（3）向增量配售电公司开票：供电公司根据与增量配售电公司签订的购电合同或协议，按照规定或约定的电价和抄见电量，计算结算金额，向增量配售电公司开具发票。

（4）向用电客户开票：增量配售电公司依用电客户申请，开具销售电力产品发票。

四、 发票开具规则❶

【增值税发票类型】

增值税专用发票或增值税普通发票。

当增量配售电公司为增值税小规模纳税人时，开具增值税普通发票。

【购买方信息】

增量配售电公司的名称、纳税人识别号、地址、电话、开户行及账号。

【销售方信息】

供电公司的名称、纳税人识别号、地址、电话、开户行及账号。

【商品及服务名称/税收商品编码/税率】

＊供电＊电费/1100101020100000000/13％。

【单位】

千瓦时。

【单价】

输配电价与上网电费合计。

【数量】

增量配售电公司抄见电量。

【备注】

---

❶　该开票场景为供电公司向增量配售电公司销售电力产品。

增量配售电公司编号 ＋ 电费年月。

2.1.4 预存电费积分奖励开票

一、业务场景名称

预存电费积分奖励开票。

二、业务场景描述

预存电费转积分奖励，是指供电公司对电费账户有结余电费款的非居民用电客户，按照不低于央行人民币活期存款基准利率标准设置电费积分系数，根据客户电费账户余额按日计算奖励积分，并按月将营销系统自动结算客户累积的电费积分结转为预存电费。

用户在结清应缴电费后提出开票请求的，营销部门根据售电价格、抄见电量开具发票。

三、涉票业务流程

（1）客户预存电费。客户通过营业厅或者线上 App 预存电费；

（2）预存电费收据开具❶。客户申请对预存电费开具收款凭证的，营销部门开票岗根据营销系统显示的预存电费到账情况和前期开具记录，选取可打印的预存电费记录，生成收据并交付客户；

（3）供电收入开票。用户在结清应缴电费后提出开票请求的，营销部门根据销售价格、抄见电量开具发票。

四、发票开具规则

（一）预存电费收据

【票据类型】

企业自制收据。

【交款方信息】

客户的名称、用电客户编号、纳税人识别号、地址、电话、开户行及账号。

【收款方式】

据实填写，如现金、银行转账，汇款，支票，本票等。

【金额】

预存电费金额。

---

❶ 根据《电力产品增值税征收管理办法》第六条"供电企业采取预存电费结算方式的纳税义务发生时间，为发行电量的当天"的规定，供电公司在收到客户的预存电费时无需确认增值税纳税义务。

【收款方信息】

供电公司名称。

【交款事由】

预存电费。

【备注】

逐笔显示预存电费的预存金额和到账时间。

（二）供电收入发票

发票开具规则参见"2.1.1 向电力用户供电收入开票"。

五、其他事项

鉴于《国家税务总局关于营改增试点若干征管问题的公告》（国家税务总局公告 2016 年第 53 号）第三条"持卡人使用单用途卡购买货物或服务时，货物或者服务的销售方应按照现行规定缴纳增值税，且不得向持卡人开具增值税发票"的规定，不建议供电公司在非居民用电客户预存电费时开具税收分类编码为 601"预付卡销售和充值"的增值税普通发票。

2.1.5　供电服务积分兑换电费红包开票

一、业务场景名称

供电服务积分兑换电费红包开票。

二、业务场景描述

电费红包，是指客户将国网商城、电 e 宝等平台的供电服务积分兑换为"电费小红包、电费充值卡"等产品，用于冲抵实际需要缴纳的电费。

供电服务积分可分为两类：一类是供电公司对客户预存电费超过一定额度时授予的积分，该活动鼓励客户多存电费以进一步改善供电公司资金状况、降低融资成本，此类积分属于融资范畴；另一类是供电公司对客户应用智能缴费模式、使用国网自有线上渠道交费、定制电子账单及发票、参与专项营销推广活动等行为所授予的积分，此类积分属于营销范畴。

三、涉票业务流程

（1）客户积分生成。客户预存电费，电商公司授予客户积分。

（2）预存电费收据开具。客户申请对预存电费开具收据，供电公司依托电商公司，根据预存电费到账和前期收据开具情况加工生成可开具记录，开具预存电费收据并交付。

（3）兑换积分并使用电费红包。客户兑换积分并使用"电费小红包、电费充值卡"用于支付电费。

（4）销售电力产品开票。供电公司营销部门开票岗依客户申请，根据电费发行记录开具发票。

四、发票开具规则

（一）预存电费收据

【票据类型】

企业自制收据。

【交款方信息】

客户的名称、用电客户编号、地址。

【收款方式】

据实填写，如现金、银行转账，汇款，支票，本票等。

【金额】

预存电费金额。

【收款方信息】

供电公司名称。

【交款事由】

预存电费。

【备注】

逐笔显示预存的电费金额和到账时间。

（二）销售电力产品增值税发票

发票开具规则参见"2.1.1向电力用户供电收入开票"。

2.1.6 跨区跨省售电收入（网间售电）开票

一、业务场景名称

跨区跨省售电收入（网间售电）开票。

二、业务场景描述

网间售电，是指省级供电公司根据自身网内电力实际负荷情况，向其他省级供电公司出售富余电量的业务。

三、涉票业务流程

（1）交易中心逐笔推送网间互供电量以及核准的售电电价。

（2）省级供电公司根据交易中心提供的售电正式（结算）通知单确认当期应收售电收入。

（3）省级供电公司根据售电正式（结算）通知单开具发票。

四、发票开具规则

【增值税发票类型】

增值税专用发票。

【购买方信息】

其他省级供电公司的名称、纳税人识别号、地址、电话、开户行及账号。

【销售方信息】

开展网间售电的省级供电公司名称、纳税人识别号、地址、电话、开户行及账号。

【商品及服务名称/税收商品编码/税率】

＊供电＊售电/1100101020200000000/13％。

【单位】

千瓦时。

【单价】

交易电价。

【数量】

交易电量。

【备注】

电费年月。

2.1.7 输电收入开票

一、业务场景名称

输电收入开票。

二、业务场景描述

省级供电公司根据交易中心逐笔推送的网间各输电线路的输送电量、核准的输电电价，确认输电收入。

三、涉票业务流程

（1）交易中心逐笔推送网间各输电线路的输送电量、核准的输电电价和输电收入。

（2）省级供电公司根据营销（交易）部门提供的输电正式（结算）通知单确认当期应收输电收入。

（3）省级供电公司实际收取输电收入。

（4）省级供电公司开具发票。

四、发票开具规则

【增值税发票类型】

增值税专用发票。

【购买方信息】

其他省级供电公司的名称、纳税人识别号、地址、电话、开户行及账号。

【销售方信息】

提供输电线路的省级供电公司名称、纳税人识别号、地址、电话、开户行及账号。

【商品及服务名称/税收商品编码/税率】

＊供电＊售电/1100101020200000000/13％。

【单位】

千瓦时。

【单价】

输电电价。

【数量】

输送电量。

【备注】

电费年月。

2.1.8 用户违约使用电费开票

一、业务场景名称

用户违约使用电费开票。

二、业务场景描述

违约使用电费一般为供电公司对违规用电或窃电行为进行处罚所取得款项。根据《供电营业规则》第一百条的规定，危害供用电安全、扰乱正常供用电秩序的行为，属于违约用电行为。

三、涉票业务流程

（1）各级供电公司以现场检查等多种方式识别、查处违约用电或窃电行为，相关人员按照供电公司规章制度，确定处理方案包括应补收电费及违约使用电费。

（2）检查人员按照处理方案将处理意见录入营销系统。

（3）用户缴纳补收电费和违约使用电费。

（4）营销部门根据营销系统内相关缴费记录，开具违约使用电费发票。

四、发票开具规则

【增值税发票类型】

增值税专用发票或增值税普通发票。

当实际用电对象为增值税小规模纳税人或其他个人时，开具增值税普通发票。

【购买方信息】

用电户的名称、纳税人识别号、地址、电话、开户行及账号。

用电户为个人时，仅需体现姓名和地址。

【销售方信息】

供电公司的名称、纳税人识别号、地址、电话、开户行及账号。

【商品及服务名称/税收商品编码/税率】

＊供电＊违约使用电费/1100101020100000000/13％。

【金额】

违约使用电费。

【备注】

用电户号 ＋ 处罚年月。

2.1.9　滞纳金开票

一、业务场景名称

滞纳金开票。

二、业务场景描述

滞纳金一般因用户未在规定期限内缴清电费而产生，从逾期开始之日起计算至缴纳日止。

三、涉票业务流程

（1）营销系统根据用户电费缴纳情况自动生成滞纳金数据。

（2）用户缴纳电费欠费及电费违约金。

（3）营销部门开具滞纳金发票。

四、发票开具规则

【增值税发票类型】

增值税专用发票或增值税普通发票。

当实际用电对象为增值税小规模纳税人或其他个人时，开具增值税普通发票。

【购买方信息】

用电户的名称、纳税人识别号、地址、电话、开户行及账号。

用电户为个人时，仅需体现姓名和地址。

【销售方信息】

供电公司的名称、纳税人识别号、地址、电话、开户行及账号。

【商品及服务名称/税收商品编码/税率】

＊供电＊滞纳金/1100101020100000000/13％。

【备注】

用电户号 ＋ 逾期开始之日至缴纳日。

2.1.10　出售电费充值卡收入开票

一、业务场景名称

出售电费充值卡收入开票。

二、业务场景描述

电费充值卡是供电公司向用电客户提供的缴费方式之一，可帮助客户快捷缴纳电费。用户购买充值卡后，可以通过柜台充值、电话自动语音充值、手机短信充值等方式实现电费充值。

三、涉票业务流程

（1）营销部门向购买电费充值卡的用户仅开具收款凭证，用户充值时不涉及发票开具。

（2）营销部门在营销系统中进行电费发行。

（3）用户通过电费充值完成电费缴纳。

（4）营销部门依用户申请开具发票。

四、发票开具规则

（一）电费充值卡收据

【票据类型】

企业自制收据。

【交款方信息】

客户的名称、用电客户编号、地址。

【收款方式】

据实填写，如现金、银行转账，汇款，支票，本票等。

【金额】

电费充值卡购买金额。

【收款方信息】

供电公司名称。

【交款事由】

电费充值卡。

【备注】

电费充值卡序号。

（二）销售电力产品增值税发票

发票开具规则参见"1. 向电力用户供电收入开票"。

五、其他事项

鉴于《国家税务总局关于营改增试点若干征管问题的公告》（国家税务总局公告 2016 年第 53 号）第三条"持卡人使用单用途卡购买货物或服务时，货物或者服务的销售方应按照现行规定缴纳增值税，且不得向持卡人开具增值税发票"的规定，不建议供电公司在非居民用电客户预存电费时开具税收分类编码为 601"预付卡销售和充值"的增值税普通发票。

2. 1. 11　受托运行维护收入开票

一、业务场景名称

受托运行维护收入开票。

二、业务场景描述

受托运行维护，是指受托方根据委托方要求，对发电设备、配电设备及配电网络等进行维护和管理，以提高设备运行效率、确保设备运行安全。

经营此类业务单位主要涉及送变电工程公司、检修分公司、综合能源服务公司等。

三、涉票业务流程

（1）供电公司作为受托方与委托方签订运维服务合同。

（2）委托方向供电公司业务部门提出开票申请。

（3）供电公司业务部门向本单位财务部门提出开票申请。

（4）供电公司财务部门审核开票申请及所附资料，若无误则开具发票。

（5）供电公司业务部门领取发票，交付委托方办理结算事宜。

四、发票开具规则

（一）保养输电线路

【增值税发票类型】

增值税专用发票或增值税普通发票。

当实际接受服务的单位为增值税小规模纳税人时，开具增值税普通发票。

【购买方信息】

服务接受方的名称、纳税人识别号、地址、电话、开户行及账号。

【销售方信息】

服务提供方的名称、纳税人识别号、地址、电话、开户行及账号。

【商品及服务名称/税收商品编码/税率】

＊其他现代服务＊运行维护/3049900000000000000/6％。

（二）线路修复

【增值税发票类型】

增值税专用发票或增值税普通发票。

当实际接受服务的单位为增值税小规模纳税人时，开具增值税普通发票。

【购买方信息】

劳务接受方的名称、纳税人识别号、地址、电话、开户行及账号。

【销售方信息】

劳务提供方的名称、纳税人识别号、地址、电话、开户行及账号。

【商品及服务名称/税收商品编码/税率】

＊修理修配劳务＊线路修复/2020000000000000000/13％。

2.1.12　高可靠性供电收入开票

一、业务场景名称

高可靠性供电收入开票。

二、业务场景描述

高可靠性供电收入，是指供电公司为保证对用户重要负荷连续可靠供电，因其采取两路及以上多回路（电源）供电而收取的费用。

三、涉票业务流程

（1）供电公司审核用户提出的报装、扩装申请，确定供电方案，按标准向用户收取高可靠性供电费用。

（2）用户向供电公司提出开票申请。

（3）供电公司审核开票申请及所附资料，若无误则开具发票。

（4）供电公司向用户交付发票。

四、发票开具规则

（一）初装费

【增值税发票类型】

增值税专用发票或增值税普通发票。

当实际接受服务的单位为增值税小规模纳税人时，开具增值税普通发票。

【购买方信息】

服务接受方的名称、纳税人识别号、地址、电话、开户行及账号。

【销售方信息】

服务提供方的名称、纳税人识别号、地址、电话、开户行及账号。

【商品及服务名称/税收商品编码/税率】

＊建筑服务＊高可靠性供电/305020000000000000/9％❶。

【备注】

用电户号 ＋ 项目名称 ＋ 项目地址。

（二）提供实施方案

【增值税发票类型】

增值税专用发票或增值税普通发票。

当实际接受服务的单位为增值税小规模纳税人时，开具增值税普通发票。

【购买方信息】

服务接受方的名称、纳税人识别号、地址、电话、开户行及账号。

【销售方信息】

服务提供方的名称、纳税人识别号、地址、电话、开户行及账号。

【商品及服务名称/税收商品编码/税率】

＊现代服务＊高可靠性供电服务/304010200000000000/6％。

【备注】

用电户号 ＋ 项目名称 ＋ 项目地址。

---

❶ 高可靠性供电费的初装费一般不存在适用简易计税的场景。对于建筑服务，根据《财政部、国家税务总局关于全面推开营业税改征增值税试点的通知》（财税〔2016〕36号）附件2《营业税改征增值税试点有关事项的规定》（以下简称《营业税改征增值税试点有关事项的规定》）第一条第七款规定，在清包工、甲供材、老项目等场景下，建筑服务提供方可选择简易计税，适用3％征收率。

2.1.13 系统备用容量费收入开票

一、业务场景名称

系统备用容量费收入开票。

二、业务场景描述

系统备用容量，是指电力系统为在设备检修、事故、调频等情况下仍能保证电力市场需求而增设的设备容量。

系统备用容量费按并网协议或《供用电协议》约定的电网所能提供备用容量缴纳；对未约定备用容量的，按企业变压器容量确定，或按最大需量扣减电网向其供电的平均负荷确定。对已按全部受电变压器容量收取基本电费的自备电厂，不再交纳系统备用费。

三、涉票业务流程

（1）供电公司营销部门逐笔确认自备电厂系统备用容量费收入。

（2）供电公司财务部门根据营销部门提供的"自备电厂系统备用容量费收入确认单"确认当期自备电厂系统备用容量费收入。

（3）供电公司收到自备电厂的系统备用容量费。

（4）供电公司根据自备电厂系统备用容量费收入确认单开具发票。

四、发票开具规则

【增值税发票类型】

增值税专用发票或增值税普通发票。

当实际接受服务的单位为增值税小规模纳税人的，开具增值税普通发票。

【购买方信息】

自备电厂企业的名称、纳税人识别号、地址、电话、开户行及账号。

【销售方信息】

供电公司的名称、纳税人识别号、地址、电话、开户行及账号。

【商品及服务名称/税收商品编码/税率】

＊供电＊电费/1100101020100000000/13％。

【单位】

千瓦时。

【单价】

政府定价。

【数量】

备用容量。

【备注】

用电户号 ＋ 电费期间。

2.1.14 零售市场交易电费和批发市场交易电费价差开票

一、业务场景名称

零售市场交易电费和批发市场交易电费价差开票。

二、业务场景描述

按照《国家发展改革委 国家能源局关于印发〈售电公司管理办法〉的通知》（发改体改规〔2021〕1595号）要求，在电力交易中心注册的售电公司根据电力交易规则，从电力批发市场上向发电企业购买电能后，在电力零售市场出售给零售市场用户。

零售市场交易价格由用户、售电公司自主协商确定，批发市场交易价格由发电企业、售电公司自主协商确定。售电公司赚取批发市场与零售市场之间的交易价格差。

三、涉票业务流程

（1）发电企业、供电公司、售电公司和用户应根据有关电力交易规则，按照自愿原则签订多方合同。

（2）供电公司与售电公司间的电费结算，由供电公司按售电公司在零售市场售出电费和批发市场购入电费的价差结算。当零售电费小于批发电费时，售电公司向供电公司支付价差电费，供电公司向售电公司开具发票❶。零售价格按零售交易价格、输配电价、政府性基金及附加确定。批发市场交易结算电价按发电企业、供电公司、售电公司三方签订的《电力直接交易三方合同》执行。发票开具时，供电公司应收集以下资料：

1）供电公司与用户签订的《高压供用电合同》。

2）供电公司与发电企业签订的《购售电合同》。

3）售电公司与用户签订的《电力零售市场购售电合同》。

4）供电公司与发电企业、售电公司签订的《电力直接交易三方合同》。

5）电力交易中心出具的《售电公司月度结算单》。

四、发票开具规则

【增值税发票类型】

---

❶ 当零售电费大于批发电费时，供电公司向售电公司支付价差电费，售电公司向供电公司开具发票。

增值税专用发票或增值税普通发票。

当售电公司为增值税小规模纳税人时,开具增值税普通发票。

【购买方信息】

售电公司的名称、纳税人识别号、地址、电话、开户行及账号。

【销售方信息】

供电公司的名称、纳税人识别号、地址、电话、开户行及账号。

【商品及服务名称/税收商品编码/税率】

＊供电＊电费/1100101020100000000/13％。

【单位】

千瓦时。

【单价】

价差电费除以向售电公司购电的零售市场用户抄见电量。

【数量】

向售电公司购电的零售市场用户抄见电量。

【备注】

售电公司编号 ＋ 电费年月。

2.1.15 趸售电费收入开票

一、业务场景名称

趸售电费收入开票。

二、业务场景描述

趸售,是指供电公司向拥有配电网运营权的地方电网企业销售电力。

按照电力市场化改革要求,趸售区域内的居民、农业用电按趸售目录电价执行,工商业用电由地方电网企业通过直接参与市场交易或由国网企业代理购电方式获得。

三、涉票业务流程

(1) 营销系统生成趸售正式结算数据。

(2) 供电公司根据趸售正式结算数据开具发票。

四、发票开具规则

【增值税发票类型】

增值税专用发票或增值税普通发票。

当趸售用户为增值税小规模纳税人时,开具增值税普通发票。

【购买方信息】

趸售用户的名称、纳税人识别号、地址、电话、开户行及账号。

【销售方信息】

供电公司的名称、纳税人识别号、地址、电话、开户行及账号。

【商品及服务名称/税收商品编码/税率】

＊供电＊售电/1100101020200000000/13％。

【单位】

千瓦时。

【单价】

交易电价。

【数量】

交易电量。

【备注】

电费年月。

2.1.16　赔表费收入开票

一、业务场景名称

赔表费收入开票。

二、业务场景描述

按照供电相关规定，当电能表损坏时，供电抢修人员必须将电能表拆回予以校验。赔表费为用户自身造成供电故障导致电能表损坏后需赔付的费用，电能表及其检验费由用户承担；若是供电外部原因致使电能表损坏的，电能表及其检验费由供电部门承担，供电公司将退还向用户收取的赔表费用。

三、涉票业务流程

（1）供电抢修人员向电能表损坏客户收取赔表费后进行抢修，对于电能表故障后现场临时接电处理的客户，供电公司需要求客户签署《承诺书》，保证在下一个工作日到所属营业厅办理赔表手续，承担临时用电期间发生的电费，否则供电公司可对其停电。

（2）供电抢修人员或用电班传单给营销部门。

（3）供电公司向用户开具发票。

四、发票开具规则

【增值税发票类型】

增值税专用发票或增值税普通发票。

当电表毁损的对象为增值税小规模纳税人或其他个人时，开具增值税普通发票。

【购买方信息】

赔表客户的名称、纳税人识别号、地址、电话、开户行及账号。

用电户为个人时，仅需姓名和地址。

【销售方信息】

供电公司的名称、纳税人识别号、地址、电话、开户行及账号。

【商品及服务名称/税收商品编码/税率】

＊电工仪器仪表＊电能表赔偿费/1090603010000000000/13％。

【单位】

个。

【单价】

电能表价格。

【数量】

电能表数量。

【备注】

用电户号＋发生年月。

2.2　发　电　业　务

2.2.1　内部核算电厂销售电力收入开票

一、业务场景名称

内部核算电厂销售电力收入开票。

二、业务场景描述

销售电力，是指发电企业按照国家电价政策和抄见电量向供电公司或电力用户收取电费的业务。内部核算电厂主要是指省级供电公司下属的水力发电厂或其他发电企业。

三、涉票业务流程

（1）发电企业与供电公司、用户根据电力交易规则，签订购售电合同，约定上网电量、上网电价等条款内容。

（2）电力交易中心向发电企业和供电公司推送交易数据，如上网电量。

（3）发电企业按照电力交易中心推送由交易数据编制电量结算单。

（4）供电公司对收到的电量结算数据进行确认。

（5）发电企业根据供电公司确认的电量结算数据开具增值税发票。

四、发票开具规则

【增值税发票类型】

增值税专用发票。

【购买方信息】

供电公司的名称、纳税人识别号、地址、电话、开户行及账号。

【销售方信息】

发电公司的名称、纳税人识别号、地址、电话、开户行及账号。

【商品及服务名称/税收商品编码/税率】

内部核算电厂发票内容开具规则见表 2-1。

表 2-1　　　　　　　　　　内部核算电厂发票内容开具规则❶

序号	商品及服务名称	税收分类编码	适用税率
1	＊发电＊ 火力发电	1100101010100000000	13％
2	＊发电＊ 5 万千瓦以下（含 5 万千瓦）水力发电	1100101010200000000	3％
3	＊发电＊ 5 万千瓦以上（不含 5 万千瓦） 100 万千瓦（含）以下水力发电	1100101010300000000	13％
4	＊发电＊ 100 万千瓦以上（不含 100 万千瓦）水力发电	1100101010400000000	13％
5	＊发电＊ 太阳能发电	1100101010600000000	13％

【单位】

千瓦时。

【单价】

购售电合同约定的价格。

【数量】

抄见电量。

---

❶　如涉及以其他能源发电的情况，可查看税收分类编码"发电 1100101010000000000"名下的其他条目。

2.3 工程施工业务 ❶

工程施工类业务包括工程施工、勘测、设计以及监理业务，主要涉及供电公司下属的送变电工程公司、超高压公司、工程建设分公司以及综合能源服务公司。

2.3.1 工程结算收入开票

一、业务场景名称

工程结算收入开票。

二、业务场景描述

工程结算，是指施工企业按照承包合同和已完工工程量向建设单位（业主）办理工程价清算，具体包括对工程预付款、工程进度款、工程竣工价款的结算。

常见的工程施工活动涉及输配电线路建设、变电站建设及相关改造。按照供电公司基建项目的管理模式，相关施工的主材由供电公司即项目甲方提供，施工方仅负责零星物资的采购，如地脚螺栓等。

工程结算可细分为以下场景：

（1）工程预付款结算。工程承包方/施工企业在项目合同签订后，向甲方申请支付工程预付款，预付款比例在合同中进行明确。

（2）工程进度款结算。工程承包方/施工企业根据工程施工合同的履约进度向甲方开出工程进度结算单并结算对应进度款，包括人工费、施工费等，进度款支付比例、办理进度款所需资料由施工方与甲方在合同中进行约定。

（3）工程竣工价款结算。工程承包方/施工企业在项目施工完成并经甲方质量验收合格后，向甲方单位进行的最终工程款结算并预留工程质保金。

（4）工程质保金结算。工程承包方/施工企业在项目合同中约定工程质保期，待质保期满，若甲方（业主）鉴定质保期内工程未出现质量缺陷等合同约定的扣除质保金的情形，向施工企业支付预留工程质保金。

三、涉票业务流程

（1）业务部门参与工程项目投标，中标后与甲方签订工程施工合同，约定工程项目合同金额、项目周期、付款进度等具体合同条款。

---

❶ 根据《民法典》第18章第七百八十八条的规定：建设工程合同是承包人进行工程建设，发包人支付价款的合同，建设工程合同包括工程勘察、设计、施工合同。

（2）业务部门按照合同约定，向公司财务部门提出工程预付款、进度款、竣工款、质保金等款项的开票申请。

（3）财务部门审核申请资料后开票并交付给业务部门。

四、发票开具规则

（一）工程预付款

【增值税发票类型】

增值税普通发票。

【购买方信息】

发包方的名称、纳税人识别号、地址、电话、开户行及账号。

【销售方信息】

施工方的名称、纳税人识别号、地址、电话、开户行及账号。

【商品及服务名称/税收商品编码/税率】

＊建筑服务预收款＊预收工程款/6120000000000000000/不征税。

【备注】

工程名称 ＋ 工程地址❶。

（二）工程进度款、结算款、质保金❷

【增值税发票类型】

增值税专用发票或增值税普通发票。

当工程发包方为增值税小规模纳税人时，开具增值税普通发票。

【购买方信息】

工程发包方的名称、纳税人识别号、地址、电话、开户行及账号。

【销售方信息】

施工方的名称、纳税人识别号、地址、电话、开户行及账号。

【商品及服务名称/税收商品编码/税率】

＊建筑服务＊工程服务/3050100000000000000/9％或 3％❸。

---

❶ 根据《国家税务总局关于全面推开营业税改征增值税试点有关税收征收管理事项的公告》（国家税务总局公告 2016 年 23 号）第四条要求，提供建筑服务，纳税人自行开具或者税务机关代开增值税发票时，应在发票的备注栏注明建筑服务发生地县（市、区）名称及项目名称。

❷ 《国家税务总局关于在境外提供建筑服务等有关问题的公告》（国家税务总局公告 2016 年第 69 号）第四条规定：纳税人提供建筑服务，被工程发包方从应支付的工程款中扣押的质押金、保证金，未开具发票的，以纳税人实际收到质押金、保证金的当天为纳税义务发生时间。

❸ 《营业税改征增值税试点有关事项的规定》第一条第七款规定，在清包工、甲供材、老项目等场景下，建筑服务提供方可选择简易计税，适用 3％ 征收率。在该简易计税方式下，可开具增值税专用发票。

【备注】

工程名称＋工程地址。

五、其他事项

由于工程施工项目多为周期建设，出于项目回款等业务需求的考虑，在全部建设期间往往需要开具多张发票。同时受天气、交通、疫情等外部环境的影响，一个工程项目可能面临工程量变更进而引起工程价款的调整。因此，工程施工单位需要将回款进度与发票开具情况整合管理，建立项目合同台账、发票台账，对于超出原项目合同金额的发票开具申请严格审核。

根据《纳税人跨县（市、区）提供建筑服务增值税征收管理暂行办法》（国家税务总局公告 2016 年第 17 号）第十条的规定，对于施工企业提供跨县（市、区）提供的建筑服务，企业应自行建立预缴税款台账，区分不同县（市、区）和项目逐笔登记全部收入、支付的分包款、已扣除的分包款、扣除分包款的发票号码、已预缴税款以及预缴税款的完税凭证号码等相关内容，留存备查。

2.3.2　勘测设计收入开票

一、业务场景名称

勘测设计收入开票。

二、业务场景描述

工程勘察、工程设计是工程实施前重要环节。勘测设计，是指为满足工程建设的规划、设计、施工、运营及综合治理等方面的需要，对地形、地质及水文等情况进行测绘、勘探测试，并运用工程技术理论及技术经济方法，按照现行技术指标，对新建、扩建、改建项目的工艺、土建、公用工程、环境工程等进行综合性设计及技术经济分析，并提供作为建设依据的设计文件和图纸的活动。

三、涉票业务流程

（1）业务人员根据合同约定的收款计划确定开票金额。

（2）业务人员向财务部门提交开票申请。

（3）财务部门审核开票申请资料是否齐全。

（4）财务部门税务管理岗根据已审核的申请开具发票，并交付业务人员。

四、发票开具规则

【增值税发票类型】

增值税专用发票或增值税普通发票。

当项目发包方为增值税小规模纳税人时，开具增值税普通发票。

【购买方信息】

项目发包方的名称、纳税人识别号、地址、电话、开户行及账号。

【销售方信息】

勘察设计单位的名称、纳税人识别号、地址、电话、开户行及账号。

【商品及服务名称/税收商品编码/税率】

＊研发和技术服务＊工程勘察服务/3040104010000000000/6％。

＊设计服务＊工程设计服务/3040301010000000000/6％。

【备注】

工程名称 ＋ 工程地址。

2.3.3　监理服务收入开票

一、业务场景名称

监理服务收入开票。

二、业务场景描述

工程监理，是指监理单位受委托人委托对工程项目进行的监督管理，属于项目建设管理的组成部分。

三、涉票业务流程

（1）业务人员根据合同约定的收款计划确定开票金额。

（2）业务人员向财务部门提交开票申请。

（3）财务部门审核开票申请资料是否齐全。

（4）财务部门税务管理岗根据已审核的申请开具发票，并交付业务人员。

四、发票开具规则

【增值税发票类型】

增值税专用发票或增值税普通发票；

当项目发包方为增值税小规模纳税人时，开具增值税普通发票。

【购买方信息】

发包方的名称、纳税人识别号、地址、电话、开户行及账号

【销售方信息】

监理公司的名称、纳税人识别号、地址、电话、开户行及账号

【商品及服务名称/税收商品编码/税率】

＊鉴证咨询服务＊工程监理服务/3040602010000000000/6％。

【备注】

工程名称 ＋ 工程地址。

2.4 充换电业务

充换电业务，是指供电公司或非供电公司利用充换电设施向终端用户提供动力电池充换电服务，并向客户收取电费和充换电服务费的业务。根据《国家发展改革委关于电动汽车用电价格政策有关问题的通知》（发改价格〔2014〕1668号）规定，对电动汽车充换电设施用电实行扶持性电价政策，对电动汽车充换电服务费实行政府指导价管理。

充电站（桩）资产的运营主体通常包括供电公司、非供电公司（如车企）、其他新能源汽车充电网运营商。目前，常见的充电站（桩）的运营模式有以供电公司为主体的运营模式和以非供电公司为主体的运营模式。

在以供电公司为主体的运营模式下，供电公司分别与电动汽车服务公司及部分公交公司等个别用户签订供用电合同，电动汽车用户充电后以国家电网智慧车联网平台统计的充电桩电量向电动汽车服务公司缴纳充电电费和服务费，由电动汽车服务公司向用户开具发票，电动汽车服务公司将收取的电费支付给供电公司，由供电公司向电动汽车服务公司开具电费发票。供电公司运营模式见图2-2。

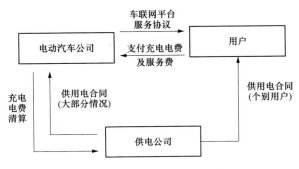

图 2-2 供电公司运营模式示意图

在以非供电公司为主体的运营模式下，非供电公司依据与供电公司签订的购售电合同，按照充电站（桩）关口表计量采集的电量确定电费数据，向供电公司支付购电费，并由供电公司向非供电公司开具发票。非供电公司运营模式见图 2-3。

图 2-3 非供电公司运营模式示意

2.4.1 充电站（桩）供电收入开票

一、业务场景名称

充电站（桩）供电收入开票。

二、业务场景描述

（1）在以供电公司为主体的运营模式下，供电公司营销部门根据电动汽车服务公司采集的终端用户用电量在营销系统中进行电费发行。

（2）在以非供电公司为主体的运营模式下，供电公司营销部门根据充换电站供配电系统中安装的关口表计量售电侧用电量在营销系统中进行电费发行。

三、涉票业务流程

（一）以供电公司为主体的运营模式

（1）供电公司营销部门根据采集的终端用户用电量在营销系统中进行电费发行。

（2）电动汽车服务公司或个别用户（如公交公司）与供电公司进行电费清算。

（3）供电公司向电动汽车服务公司或个别用户（如公交公司）开具电费发票。

（二）以非供电公司为主体的运营模式

（1）供电公司营销部门根据充换电站供配电系统中安装的关口表计量售电侧用电量在营销系统中进行电费发行。

（2）面向终端充电用户的非供电公司与供电公司进行电费清算。

（3）供电公司向非供电公司开具电费发票。

四、发票开具规则

【增值税发票类型】

增值税专用发票。

【购买方信息】

电动汽车服务公司、个别用户（如公交公司）或面向终端充电用户的非供电公司的名称、纳税人识别号、地址、电话、开户行及账号。

【销售方信息】

供电公司的名称、纳税人识别号、地址、电话、开户行及账号。

【商品及服务名称/税收商品编码/税率】

＊供电＊电费/1100101020100000000/13％。

【单位】

千瓦时。

【数量】

电动汽车服务公司采集的终端用户用电量（以供电公司为主体的运营模式）或根据充换电站供配电系统中安装的关口表计量售电侧用电量（以非供电公司为主体的运营模式）。

【备注】

用电户号 ＋ 电费年月。

2.5　科技服务业务[1]

科技服务业务，是指运用现代科技知识、现代技术和分析研究方法，以及经验、信息等要素向社会提供智力的服务，主要包括科学研究、专业技术服务、技术推广、科技信息交流、科技培训、技术咨询、技术孵化、技术市场、知识产权服务、科技评估和科技鉴证等。

2.5.1　技术服务收入开票

一、业务场景名称

技术服务收入开票。

二、业务场景描述

技术服务，是指当事人一方为另一方解决特定技术问题所提供的服务，常

---

[1] 与享受免征增值税的技术转让、技术开发相关技术咨询、技术服务，是指转让方（或者受托方）根据技术转让或者开发合同的规定，为帮助受让方（或者委托开发）掌握所转让（或者委托开发）的技术，而提供的技术咨询、技术服务业务，且这部分技术咨询、技术服务的价款与技术转让或者技术开发的价款应当在同一张发票上开具。申请免征增值税时，须持技术转让、开发的书面合同，前往企业所在地省级科技主管部门进行认定，并持有关的书面合同和科技主管部门审核意见证明文件报主管税务机关备查。

见为计算、设计、测量、调试、检验检测等服务。

三、发票开具规则

（一）独立发生的技术服务

【增值税发票类型】

增值税专用发票或增值税普通发票。

当服务接受方为增值税小规模纳税人时，开具增值税普通发票。

【购买方信息】

服务接受方的名称、纳税人识别号、地址、电话、开户行及账号。

【销售方信息】

服务提供方的名称、纳税人识别号、地址、电话、开户行及账号。

【商品及服务名称/税收商品编码/税率】

＊研发和技术服务＊技术服务/3040100000000000000/6％。

（二）与技术转让、技术开发有关的技术服务

【增值税发票类型】

增值税专用发票或增值税普通发票。

当服务接受方公司为增值税小规模纳税人时，开具增值税普通发票。

当"税率"栏为"免税"时，只能开具增值税普通发票。

【购买方信息】

服务接受方公司的名称、纳税人识别号、地址、电话、开户行及账号。

【销售方信息】

服务提供方的名称、纳税人识别号、地址、电话、开户行及账号。

【商品及服务名称/税收商品编码/税率】

＊研发和技术服务＊技术服务/3040100000000000000/免税或6％。

2.5.2　技术转让收入开票

一、业务场景名称

技术转让收入开票。

二、业务场景描述

技术转让，是指将自身拥有的专利和非专利技术使用权有偿转让的行为。

根据《财政部　国家税务总局关于全面推开营业税改征增值税试点的通知》（财税〔2016〕36号）附件3《营业税改征增值税试点过渡政策的规定》第一条下列项目免征增值税：纳税人提供技术转让、技术开发和与之相关的技

术咨询、技术服务。

根据《销售服务、无形资产、不动产注释》，销售无形资产，是指转让无形资产所有权或者使用权的业务活动。无形资产，是指不具实物形态，但能带来经济利益的资产，包括技术、商标、著作权、商誉、自然资源使用权和其他权益性无形资产。技术包括专利技术和非专利技术。

三、发票开具规则

（一）享受免征增值税

【增值税发票类型】

增值税普通发票。

【购买方信息】

技术受让方的名称、纳税人识别号、地址、电话、开户行及账号。

【销售方信息】

技术转让方的名称、纳税人识别号、地址、电话、开户行及账号。

【商品及服务名称/税收商品编码/税率】

＊无形资产＊专利技术转让/4010100000000000000/免税。

＊无形资产＊非专利技术转让/4010200000000000000/免税。

（二）不享受免征增值税

【增值税发票类型】

增值税专用发票或增值税普通发票。

当技术受让方为增值税小规模纳税人时，开具增值税普通发票。

【购买方信息】

技术受让方的名称、纳税人识别号、地址、电话、开户行及账号。

【销售方信息】

技术转让方的名称、纳税人识别号、地址、电话、开户行及账号。

【商品及服务名称/税收商品编码/税率】

＊无形资产＊技术转让/4010100000000000000/6％。

＊无形资产＊非专利技术转让/4010200000000000000/6％。

2.5.3 技术咨询收入开票

一、业务场景名称

技术咨询收入开票。

二、业务场景描述

技术咨询是指就特定技术项目提供可行性论证、技术预测、专题技术调查、分析评价报告等业务活动，包括战略咨询、管理咨询和技术咨询等。

三、发票开具规则

（一）独立发生的技术咨询服务

【增值税发票类型】

增值税专用发票或增值税普通发票。

当服务接受方为增值税小规模纳税人时，开具增值税普通发票。

【购买方信息】

服务接受方的名称、纳税人识别号、地址、电话、开户行及账号。

【销售方信息】

服务提供方的名称、纳税人识别号、地址、电话、开户行及账号。

【商品及服务名称/税收商品编码/税率】

＊研发和技术服务＊技术咨询[1]/3040102000000000000/6％。

＊咨询服务＊技术咨询/3040603000000000000/6％。

（二）与技术转让、技术开发有关的技术服务

【增值税发票类型】

增值税专用发票或增值税普通发票。

当服务接受方为增值税小规模纳税人时，开具增值税普通发票。

当"税率"栏为"免税"时，只能开具增值税普通发票。

【购买方信息】

服务接受方的名称、纳税人识别号、地址、电话、开户行及账号。

【销售方信息】

服务提供方的名称、纳税人识别号、地址、电话、开户行及账号。

【商品及服务名称/税收商品编码/税率】

＊研发和技术服务＊技术咨询/3040102000000000000/6％或免税。

2.6　资产租赁业务

资产租赁，是指国家电网公司成员单位作为出租方，将依法拥有、受托管理或其他有合法权属来源的、可用于出租的资产（包括土地使用权、房产、生

---

[1] 当企业提供的是对特定技术项目提供可行性论证、技术预测、技术测试、技术培训、专题技术调查、分析评价报告和专业知识咨询等业务活动时，开票内容适用"＊研发和技术服务＊技术咨询费"；除前述情况外，开票内容可适用"＊咨询服务＊技术咨询费"。

产设备等），部分或全部出租给自然人、法人或其他组织（以下称承租方），并向承租方收取租金或其他收入的经营行为。

从租赁标的物来看，可以分为不动产租赁和有形动产租赁；从租赁形式来看，可以分为融资租赁和经营性租赁。本部分内容主要针对有形动产和不动产的经营性租赁业务。

2.6.1　有形动产租赁收入开票

一、业务场景名称

有形动产租赁收入开票。

二、业务场景描述

有形动产租赁，是指在约定时间内将物品、设备等有形动产转让他人使用且租赁物所有权不变更的业务活动，主要涉及车辆、电力设备等。

根据《财政部　国家税务总局关于全面推开营业税改征增值税试点的通知》（财税〔2016〕36号）附件1《营业税改征增值税试点实施办法》（以下简称《营业税改征增值税试点实施办法》）和《财政部　国家税务总局关于明确金融、房地产开发、教育辅助服务等增值税政策的通知》（财税〔2016〕140号）第十六条的规定，车辆租赁并配备司机的行为按照"交通运输服务"税目征收增值税，建筑机械设备租赁并配备操作人员的行为按照"建筑服务"❶税目征收增值税。上述两类情况均不属于税法意义上的租赁收入。

三、涉票业务流程

（1）资产管理部门或其他业务部门作为出租资产的管理部门与承租方签订租赁协议，明确租赁资产，约定租赁期限、租金及付款日期等合同条款内容。

（2）承租方按照合同约定支付租金，并向业务部门提出开票申请；首次申请开票时需提供相关开票信息。

（3）财务部门开具发票并交付业务部门。

四、发票开具规则

（一）以纳入营改增试点之日前取得的有形动产为标的物提供的经营租赁服务、在纳入营改增试点之日前签订的尚未执行完毕的有形动产租赁合同（车辆、设备租赁不配备操作人员）

【增值税发票类型】

---

❶　提供建筑服务的开票规则可参见本节"3.1 工程结算开票"。

增值税专用发票或增值税普通发票。

当承租方为增值税小规模纳税人或其他个人时，开具增值税普通发票。

【购买方信息】

承租方的名称、纳税人识别号、地址、电话、开户行及账号。

【销售方信息】

出租方的名称、纳税人识别号、地址、电话、开户行及账号。

【商品及服务名称/税收商品编码/税率】

＊经营租赁 ＊其他有形动产经营租赁服务/3040502019900000000/3％❶。

【备注】

车辆租赁应列明车牌号（如有）＋ 租金对应的期间。

（二）以营改增后取得的有形动产为标的物提供的经营租赁服务（车辆、设备租赁不配备操作人员）

【增值税发票类型】

增值税专用发票或增值税普通发票。

当承租方为增值税小规模纳税人或其他个人时，开具增值税普通发票。

【购买方信息】

承租方的名称、纳税人识别号、地址、电话、开户行及账号。

【销售方信息】

出租方的名称、纳税人识别号、地址、电话、开户行及账号。

【商品及服务名称/税收商品编码/税率】

＊经营租赁 ＊其他有形动产经营租赁服务/3040502019900000000/13％。

【备注】

车辆租赁应列明车牌号（如有）＋ 租金对应的期间。

2.6.2　不动产租赁收入开票

一、业务场景名称

不动产租赁收入开票。

二、业务场景描述

不动产租赁，是指在约定时间内将不动产转让他人使用且租赁物所有权不

---

❶ 《营业税改征增值税试点有关事项的规定》第一条第六款规定，一般纳税人发生下列应税行为可以选择适用简易计税方法计税：以纳入营改增试点之日前取得的有形动产为标的物提供的经营租赁服务、在纳入营改增试点之日前签订的尚未执行完毕的有形动产租赁合同。

变更的业务活动，以及车辆停放服务、道路通行服务（包括过路费、过桥费、过闸费等），实务中常为房屋租赁。

三、涉票业务流程

（1）资产管理部门或其他业务部门作为出租资产的管理部门与承租方签订租赁协议，明确租赁资产，约定租赁期限、租金及付款日期等合同条款内容。

（2）承租方按照合同约定支付租金，并向业务部门提出开票申请；首次申请开票的需提供相关开票信息。

（3）财务部门开具发票并交付业务部门。

四、发票开具规则

（一）以 2016 年 4 月 30 日前取得的不动产为标的物提供的经营租赁服务

【增值税发票类型】

增值税专用发票或增值税普通发票。

当承租方为增值税小规模纳税人或其他个人时，开具增值税普通发票。

【购买方信息】

承租方的名称、纳税人识别号、地址、电话、开户行及账号。

【销售方信息】

出租方的名称、纳税人识别号、地址、电话、开户行及账号。

【商品及服务名称/税收商品编码/税率】

＊经营租赁 ＊住宅经营租赁服务/3040502020100000000/5％❶。

＊经营租赁 ＊商业营业用房经营租赁服务/3040502020400000000/5％。

＊经营租赁 ＊其他情况不动产经营租赁服务/3040502029902000000/5％。

【备注】

不动产详细地址 ＋ 租赁期间。

（二）以 2016 年 4 月 30 日后取得的不动产为标的物提供的经营租赁服务

【增值税发票类型】

增值税专用发票或增值税普通发票。

当承租方为增值税小规模纳税人或其他个人时，开具增值税普通发票。

【购买方信息】

承租方的名称、纳税人识别号、地址、电话、开户行及账号。

---

❶ 根据《营业税改征增值税试点有关事项的规定》第一条第（九）款有关不动产经营租赁服务的规定：一般纳税人出租其 2016 年 4 月 30 日前取得的不动产，可以选择适用简易计税方法，按照 5％的征收率计算应纳税额。

【销售方信息】

出租方的名称、纳税人识别号、地址、电话、开户行及账号。

【商品及服务名称/税收商品编码/税率】

＊经营租赁 ＊住宅经营租赁服务/3040502020100000000/9％。

＊经营租赁 ＊商业营业用房经营租赁服务/3040502020400000000/9％。

＊经营租赁 ＊其他情况不动产经营租赁服务/3040502029902000000/9％。

【备注】

不动产详细地址 ＋ 租赁期间。

2.7 其 他 业 务

2.7.1 个税手续费返还收入开票

一、业务场景名称

个税手续费返还收入开票。

二、业务场景描述

个税手续费返还收入，是指企业作为个人所得税扣缴义务人，从税务机关取得代扣税款2％的手续费。对于该类手续费，国家税务总局在"营改增"咨询问答中明确指出，企业收到个税手续费时需要缴纳增值税。

三、涉票业务流程

（1）供电公司个税管理人员向税务机关提出个税手续费返还申请。

（2）税务机关审核退付申请。

（3）供电公司收到国库拨付的个税手续费。

（4）供电公司财务部门税务管理岗视主管税务机关要求开具发票。

四、发票开具规则

【增值税发票类型】

增值税普通发票。

【购买方信息】

税务机关的名称、纳税人识别号、地址、电话、开户行及账号。

【销售方信息】

个人所得税代扣代缴单位的名称、纳税人识别号、地址、电话、开户行及账号。

【商品及服务名称/税收商品编码/税率】

＊经纪代理服务＊个税手续费/3040802000000000000/6％。

【备注】

返还的个税手续费所属年度。

五、其他事项

　　个税手续费返还按年据实结算，扣缴义务人需要于每年 3 月 30 日前办理，如果由于扣缴单位原因没有及时提交申请的，将被视为自动放弃。

2.7.2　设备检测收入开票

　　一、业务场景名称

设备检测收入开票。

　　二、业务场景描述

　　设备检测，是指根据法律法规和生产经营需要，对各类精密设备、仪器仪表、计量装置等进行检测、检定。常见业务类型包括电能表检测和专业设备检测。

　　根据《营业税改征增值税试点实施办法》所附《销售服务、无形资产、不动产注释》第六款第 6 项规定，认证服务是指具有专业资质的单位利用检测、检验、计量等技术，证明产品、服务、管理体系符合相关技术规范、相关技术规范的强制性要求或者标准的业务活动。

　　三、涉票业务流程

　　（1）业务部门根据设备检测相关合同向财务部门提出开票申请。

　　（2）财务部门根据业务部门提交的开票申请，经审核后开具发票并交付业务部门。

　　四、发票开具规则

【增值税发票类型】

增值税专用发票或增值税普通发票。

当服务接受方为增值税小规模纳税人时，开具增值税普通发票。

【购买方信息】

服务接受方的名称、纳税人识别号、地址、电话、开户行及账号。

【销售方信息】

服务提供方的名称、纳税人识别号、地址、电话、开户行及账号。

【商品及服务名称/税收商品编码/税率】

　　＊鉴证咨询服务＊认证服务/3040601000000000000/6％。

2.7.3 销售材料、处置利库物资收入开票

一、业务场景名称

销售材料、处置利库物资收入开票。

二、业务场景描述

销售材料、处置利库物资，是指对项目物资、工程结余退料、退役可用资产及超期超额备品备件开展库存清理后，通过拍卖等方式进行处置。

一般纳税人销售自己使用过的属于《增值税暂行条例》第十条规定，不得抵扣且未抵扣进项税额的固定资产，以简易办法依照 3% 征收率减按 2% 计征增值税，不得抵扣进项税额。除此以外，一般纳税人销售自己使用过的物品，应当按照适用税率征收增值税。

三、涉票业务流程

（1）财务部门、实物管理部门组织开展物资价值评估。

（2）物资部门组织办理处置物资的集中竞价（拍卖）、合同签订、实物交接、资金回收以及相关文档整理等工作。

（3）财务部门税务管理岗根据物资处置的合同、资金回收安排，向物资收购方开具发票。

四、发票开具规则

（一）销售使用过的属于《增值税暂行条例》第十条规定不得抵扣且未抵扣进项税额的利库物资

【增值税发票类型】

增值税专用发票或增值税普通发票。

当材料、利库物资购入对象为增值税小规模纳税人或其他个人时，开具增值税普通发票。

当享受以简易办法依照 3% 征收率减按 2% 缴纳增值税时，只能开具增值税普通发票。

【购买方信息】

材料、利库物资购入单位的名称、纳税人识别号、地址、电话、开户行及账号。

【销售方信息】

销售材料、处置利库物资单位的名称、纳税人识别号、地址、电话、开户行及账号。

【商品及服务名称/税收商品编码/税率】

货物大类及对应编码/3% 或 2%❶。

（二）销售使用过的但已抵扣进项税额的利库物资和材料。

【增值税发票类型】

增值税专用发票或增值税普通发票。

当材料、利库物资购入对象为增值税小规模纳税人或其他个人时，开具增值税普通发票。

【购买方信息】

材料、利库物资购入单位的名称、纳税人识别号、地址、电话、开户行及账号。

【销售方信息】

销售材料、处置利库物资单位的名称、纳税人识别号、地址、电话、开户行及账号。

【商品及服务名称/税收商品编码/税率】

货物大类及对应编码/13%。

五、其他事项

当处置利库物资数量较多时，应按照法规要求，汇总开具发票并附自增值税税控系统中开具的销货清单。

2.7.4 住宿业务收入开票

一、业务场景名称

住宿业务收入开票。

二、业务场景描述

住宿业务，是指为宾馆、酒店企业为客户提供住宿服务的经营活动。

三、涉票业务流程

前台接待人员在客户离店时，完成房费结算并根据客户提供的信息开票。

四、发票开具规则

【增值税发票类型】

增值税专用发票或增值税普通发票。

---

❶ 纳税人销售自己使用过的 2008 年 12 月 31 日以前购进或者自制、未抵扣进项税额的固定资产，按照简易办法减按 2% 征收增值税，开具增值税普通发票。一般纳税人也可以放弃该优惠政策，依照 3% 征收率计征并开具增值税专用发票。

【购买方信息】

入住人申请开票单位的名称、纳税人识别号、地址、电话、开户行及账号。

【销售方信息】

提供住宿服务单位的名称、纳税人识别号、地址、电话、开户行及账号。

【商品及服务名称/税收商品编码/税率】

＊住宿服务＊住宿费/3070402000000000000/6％。

【数量及单价】

根据客户实际需求，可汇总开具或按入住天数开具。

2.7.5　业务培训服务收入开票

一、业务场景名称

业务培训服务收入开票。

二、业务场景描述

培训业务，是指专业培训机构利用自身条件提供职业培训、专业培训等服务。

三、涉票业务流程

（1）根据合同约定的服务总价，或合同约定的人员培训单价及核对一致的培训人员数量确定服务金额。

（2）提供服务的单位开具发票。

四、发票开具规则

【增值税发票类型】

增值税专用发票或增值税普通发票。

当接受服务单位为增值税小规模纳税人时，开具增值税普通发票。

【购买方信息】

接受服务单位的名称、纳税人识别号、地址、电话、开户行及账号。

【销售方信息】

提供服务单位的名称、纳税人识别号、地址、电话、开户行及账号。

【商品及服务名称/税收商品编码/税率】

＊非学历教育服务＊培训费/3070201020000000000/6％ 或 3％❶。

---

❶ 《财政部　国家税务总局关于进一步明确全面推开营改增试点有关再保险 不动产租赁和非学历教育等政策的通知》（财税〔2016〕68号）第三条规定：一般纳税人提供非学历教育服务，可以选择适用简易计税方法按照3％征收率计算应纳税额。

2.7.6 招标代理服务收入开票

一、业务场景名称

招标代理服务收入开票。

二、业务场景描述

招标代理服务，是指招标代理机构接受招标人委托，从事具体招标代理业务，包括按照招标人要求编制招标文件、审查投标人资质、组织评标以及协助签约等工作。提供该类服务的主体多是供电公司下属的招标公司。

三、涉票业务流程

（1）业务人员发布招标相关文件，明确招标服务费收取标准。

（2）投标人向招标代理机构支付服务费，并提供开票信息。

（3）业务人员向财务部门提交开票申请。

（4）财务部门税务管理岗根据已审核的申请开具发票并交付投标人。

四、发票开具规则

【增值税发票类型】

增值税专用发票或增值税普通发票。

当接受服务单位为增值税小规模纳税人时，开具增值税普通发票。

【购买方信息】

接受服务单位的名称、纳税人识别号、地址、电话、开户行及账号。

【销售方信息】

提供服务单位的名称、纳税人识别号、地址、电话、开户行及账号。

【商品及服务名称/税收商品编码/税率】

＊经纪代理服务＊招标代理费/3040802990000000000/6％。

2.7.7 代开自然人分布式光伏发电收入发票

一、业务场景名称

代开自然人分布式光伏发电收入发票。

二、业务场景描述

为促进可再生能源的开发利用，国家鼓励各类业户，包括医院、学校、党政机关、居民社区等，在建筑物或构筑物上建设小型分布式光伏发电系统，按照"自发自用、余电上网、电网调节"的原则对光伏发电进行综合利用。

由于销售分布式光伏发电余电产品的发电户以居民业户、非企业性单位（以下简称"光伏发电自然人""发电户"）居多，如果这些发电户逐一到税务机关代开普通发票，不仅增加发电户销售电力产品的复杂程度，也不利于分布式光伏发电项目的推广。为配合国家能源发展战略，促进光伏产业健康发展，便于国家电网公司所属企业在购买电力产品时与发电户结算，国家税务总局于 2014 年 6 月 3 日出台《国家税务总局关于国家电网公司购买分布式光伏发电项目电力产品发票开具等有关问题的公告》（国家税务总局公告 2014 年第 32 号，以下简称"32 号公告"），对国家电网公司在购买分布式光伏发电过程中的代开发票事项予以明确。

三、涉票业务流程

（1）申请成为光伏发电自然人。拟开展光伏发电的居民业户、非企业性单位向供电公司营销部门提出并网申请。

（2）光伏发电自然人信息登记。营销部门审核光伏分布式发电并网申请，维护可申请代开光伏发电发票的自然人名单，以及发电户名称（姓名）、地址（住址）、联系方式等信息，判断提请代开光伏发电发票的自然人是否符合 32 号公告对适用对象的要求。

（3）电费发行及金额拆分。每月量费发行后，营销系统将当月结算的购电费分拆为上网电费和电费补贴，对可申请代开光伏发电发票自然人的应付记录予以标注；系统根据量费发行数据，整合光伏发电自然人登记信息，归集生成包含发电户名称（姓名）、地址（住址）、联系方式、结算时间、结算金额等信息在内的核算台账，以备税务机关查验。

（4）享受免征增值税判断。营销系统对当月生成的购电费按照可申请代开光伏发电发票的自然人进行归集，结合国家增值税免税政策和光伏发电自然人登记信息，逐户判断当月结算金额是否符合增值税免税条件。

（5）适用税率确认。营销系统将本期可享受增值税免税政策的光伏发电自然人上网电费应付记录和电费补贴应付记录"税率"设置为"免税"❶，其他

---

❶ 根据《财政部 税务总局关于明确增值税小规模纳税人减免增值税等政策的公告》（财政部 税务总局公告 2023 年第 1 号）规定，自 2023 年 1 月 1 日至 2023 年 12 月 31 日，对月销售额 10 万元以下（含本数）的增值税小规模纳税人免征增值税，对增值税小规模纳税人适用 3% 征收率的应税销售收入减按 1% 征收率征收增值税。

此前，根据《财政部 税务总局关于明确增值税小规模纳税人免征增值税政策的公告》（财政部 税务总局公告 2021 年第 11 号）规定，自 2021 年 4 月 1 日至 2022 年 12 月 31 日，对月销售额 15 万元以下（含本数）的增值税小规模纳税人，免征增值税。根据《财政部 税务总局关于对增值税小规模纳税人免征增值税的公告》（财政部 税务总局公告 2022 年第 15 号），明确自 2022 年 4 月 1 日至 2022 年 12 月 31 日，增值税小规模纳税人适用 3% 征收率的应税销售收入，免征增值税。

未能享受增值税免税政策的光伏发电自然人应付记录"税率"按销售电力产品的适用征收率设置❶。

（6）发票开具。在收到光伏发电应付记录后，营销部门开票岗批量开具发票。

四、发票开具规则

【增值税发票类型】

增值税普通发票。

【购买方信息】

供电公司的名称、纳税人识别号、地址、电话、开户行及账号。

【销售方信息】

代开光伏发电发票的自然人名单中的发电户姓名、身份证件号、地址。

【商品及服务名称/税收商品编码/税率】

＊发电＊分布式光伏上网电费/1100101010600000000/3％ 或 1％或免税❷。

＊发电＊分布式光伏发电补贴/1100101010600000000/3％ 或 1％或免税。

【备注】

发电客户编号 ＋ 电费年月。

五、其他事项

1. 光伏发电代开发票的票种选择

在现有增值税纸质普通发票和增值税电子普通发票并存的背景下，供电公司应争取主管税务机关支持，优先选取"增值税电子普通发票（收购）"票种，待数电票投入使用后，统一切换至"特定行业发票（光伏收购）"。

2. 光伏发电代开发票的冲红操作

当发生政策性调价、系统业务操作错误或用户发票开具有误，对已开具的代开光伏发电发票进行冲红操作的，需进行全额冲红。

---

❶ 近年来国家陆续推出多项普惠性税收减免政策，多为附有期限的增值税小规模纳税人减免政策，建议供电公司税务专责予以重视，及时更新增值税免税政策的适用条件。

❷ 在 2023 年 1 月 1 日至 2023 年 12 月 31 日，当供电公司向自然人支付的分布式光伏发电购电费金额不大于 10 万元时，适用免税；当购电费金额大于 10 万元（不含本数）时，适用 1％征收率；在 2023 年 12 月 31 日政策到期后，购电费适用征收率是否恢复为 3％，待财政部、国家税务总局通知。

3 受票业务管理规范

供电公司收取的发票既是增值税进项抵扣凭证的主要构成，同时也是企业所得税税前扣除的重要外部凭证。未如实开具或不符合开具规范的发票无法被用于财务核算❶、进项抵扣❷和税前扣除❸。综合相关政策法规和内部管理要求，供电公司各级单位需在合同订立及发票获取、审核、抵扣、入账等过程中需遵循以下一般性原则：

（1）票面各要素应完整、准确，与合同约定一致。

（2）发票税目、税率适用准确，备注栏内容符合税务机关规定。

（3）纸质发票加盖发票专用章，纸电发票具有电子签名，数电票具有数字签名。

（4）销货清单从增值税税控系统开具，加盖销货单位发票专用章（纸质发票）或电子签名（纸电发票）。

（5）行政事业单位提供的收据印（盖）有财政部门监制印章。

（6）财务部门应与招标、采购等部门协同，在同等条件下最大程度获取增值税专用发票。

除此上述一般性原则外，本章还结合供电公司相关成本、费用及资产相关业务特点，梳理归集企业在不同业务场景下收取发票时需要遵循的工作标准。

---

❶《发票管理办法》第二十一条、第二十二条规定：不符合规定的发票，不得作为财务报销凭证，任何单位和个人有权拒收。开具发票应当按照规定的时限、顺序、栏目，全部联次一次性如实开具，并加盖发票专用章。

❷《增值税暂行条例》第九条规定：纳税人购进货物、劳务、服务、无形资产、不动产，取得的增值税扣税凭证不符合法律、行政法规或者国务院税务主管部门有关规定的，其进项税额不得从销项税额中抵扣。

❸《企业所得税税前扣除凭证管理办法》第九条规定：企业在境内发生的支出项目属于增值税应税项目的，对方为已办理税务登记的增值税纳税人，其支出以发票（包括按照规定由税务机关代开的发票）作为税前扣除凭证。

3.1 成本类业务

3.1.1 购电成本

与购电成本相关的发票收取与审核要求见表 3-1。

表 3-1 　　　　　　　　　　购电成本相关发票的收取与审核要求

业务类型	业务内容	票据类型	商品及服务名称	税率/征收率	审核要点
向电厂支付购电款项	购入电力（除小水电和太阳能）	增值税发票❶	*发电 * 火力发电❷	开票方一般纳税人 13%；开票方小规模纳税人 3% 或 1% 或免税❸	1. 首次结算时，应提供购电合同或协议、发电业务许可证（豁免除外）。2. 对暂估电费补开发票时，涉及税率变动的，应正确判断适用税率
			*发电 * 5 万千瓦以上（不含 5 万千瓦）100 万千瓦（含）以下水力发电		
			*发电 * 100 万千瓦以上（不含 100 万千瓦）水力发电		
			*发电 * 核能发电		
			*发电 * 风力发电		
			*发电 * 潮汐能发电		
			*发电 * 沼气发电		

---

❶ 增值税发票包括增值税专用发票和增值税普通发票，在条件满足时，供电公司应尽最大可能确保获取增值税专用发票，以便于抵扣增值税。

已办理税务登记的小规模纳税人（包括个体经营者）以及国家税务总局确定的其他可以代开增值税专用发票的纳税人发生增值税应税行为、需要开具增值税专用发票时，可向主管税务机关申请代开。代开增值税发票时，税务机关应在备注栏内注明纳税人名称和纳税人识别号。增值税纳税人应在代开增值税专用发票的备注栏上，加盖本单位的发票专用章（为其他个人代开的特殊情况除外）。

此外，《国家税务总局关于增值税小规模纳税人减免增值税等政策有关征管事项的公告》（国家税务总局公告 2023 年第 1 号）第四条规定：小规模纳税人取得应税销售收入，适用 1 号公告〔《财政部　税务总局关于明确增值税小规模纳税人减免增值税等政策的公告》（财政部 税务总局公告 2023 年第 1 号）〕第一条规定的免征增值税政策的，纳税人可就该笔销售收入选择放弃免税并开具增值税专用发票；第五条规定：小规模纳税人取得应税销售收入，适用 1 号公告第二条规定的减按 1% 征收率征收增值税政策的，应按照 1% 征收率开具增值税发票，纳税人可就该笔销售收入选择放弃减税并开具增值税专用发票。

❷ "商品及服务名称"两个"＊"之间的内容为开票方在税务机关发布的税收分类编码集中选择的体现交易实质的条目。由于税收分类编码集除不得选取的汇总条目外，其他条目均可自由选取。因此，在实务中对同一业务在发票上会出现多种合规指代，例如提供修理劳务，开票方既可选取"修理修配劳务"，也可选取"劳务"。本章"商品及服务名称"栏内的内容为税收分类编码集里颗粒度相对较细的条目，供大家参考。

❸ 小规模纳税人的"1%"征收率，是指自 2023 年 1 月 1 日至 2023 年 12 月 31 日，对增值税小规模纳税人适用 3% 征收率的应税销售收入减按 1% 征收率征收增值税。小规模纳税人的"免税"，是指自 2022 年 4 月 1 日至 2022 年 12 月 31 日，增值税小规模纳税人适用 3% 征收率的应税销售收入免征增值税，开具增值税普通发票；自 2023 年 1 月 1 日至 2023 年 12 月 31 日，对月销售额 10 万元以下（含本数）的增值税小规模纳税人免征增值税。

业务类型	业务内容	票据类型	商品及服务名称	税率/征收率	审核要点
向电厂支付购电款项	购入电力（除小水电和太阳能）		*发电*地热能发电	开票方一般纳税人13%；开票方小规模纳税人3%或1%或免税	1. 首次结算时，应提供购电合同或协议、发电业务许可证（豁免除外）。2. 对暂估电费补开发票时，涉及税率变动的，应正确判断适用税率
			*发电*垃圾发电		
			*发电*竹木生物质燃料发电		
			*发电*其他发电		
	购入小水电站发电量		*发电*5万千瓦以下（含5万千瓦）水力发电	3%	
	购入太阳能电力	增值税发票	*发电*太阳能发电	开票方一般纳税人13%；开票方小规模纳税人3%或1%❶	1. 营销部门应正确区分光伏发电用户的增值税纳税人类型，重点审核电费发票金额与电量电费结算单金额是否一致。2. 光伏发电上网电费与光伏发电补贴电费应在同一张发票上列明。3. 当光伏发电自然人本期结算金额超过增值税小规模纳税人免征额度时，建议供电公司与光伏发电自然人协商，由其到税务机关申请代开增值税专用发票
		增值税普通发票		开票方小规模纳税人免税	详细登记光伏发电自然人的姓名、地址、联系方式、结算时间等信息备查

❶ 在2023年1月1日至2023年12月31日，当供电公司向自然人支付的分布式光伏发电购费金额不大于10万元时，适用免税；当购电费金额大于10万元（不含本数）时，适用1%征收率；在2023年12月31日政策到期后，购电费适用征收率是否恢复为3%，待财政部、国家税务总局通知。

业务类型	业务内容	票据类型	商品及服务名称	税率/征收率	审核要点
向电厂支付购电款项	因购电价格调整或上网电价批复而调整购电费	增值税发票	*发电 *退补电费	开票方一般纳税人13%；开票方小规模纳税人3%或1%或免税	
向售电公司支付款项	向售电公司支付零售市场交易电费与批发市场交易电费间的价差		*供电 *电费		
	向售电公司支付电力中长期交易偏差业务考核费		*供电 *售电		
向县供电企业（独立法人）购电款项	趸售电费		*供电 *售电		

3.1.2 输电费

与输电费相关的发票收取与审核要求见表 3-2。

表 3-2　　　　　　　　　输电费相关发票的收取与审核要求

业务类型	业务内容	票据类型	商品及服务名称	税率/征收率	审核要点
输电费用	输电费	增值税发票	*供电 *售电	13%	根据输电正式（结算）通知单开票

3.1.3 检修运维费●

与检修运维费相关的发票收取与审核要求见表 3-3。

● 常见检修项目涉及带电作业检修施工服务、水电厂起重机等特种设备检修、直流融冰装置检修专业服务、配电变压器修理服务等。

表 3-3　　　　　　　　　检修运维费相关发票的收取与审核要求

业务类型	业务内容	票据类型	商品及服务名称	税率/征收率	审核要点
设备检修项目工程款项	设备检修预付款	收据		开票方一般纳税人13%；开票方小规模纳税人3%或1%或免税	支付预付款取得发票的，对方增值税纳税义务发生
		增值税发票	*修理修配劳务*设备检修		
	设备检修进度款		*修理修配劳务*设备检修		
	设备检修结算款		*修理修配劳务*设备检修		
房屋检修项目工程款项	房屋检修预付款	增值税普通发票	*建筑服务预收款*预收检修款	不征税	1. 发票内容为"612建筑服务预收款"，实质是收据。2. 备注栏注明建筑服务发生地县（市、区）名称及工程名称
	房屋检修进度款	增值税发票	*建筑服务*房屋检修	开票方一般纳税人9%（一般计税）或3%（简易计税）；开票方小规模纳税人3%或1%或免税	1. 备注栏注明建筑服务发生地县（市、区）名称及工程名称。2. 简易计税场景包括甲供材、清包工、营改增前老项目
	房屋检修结算款		*建筑服务*房屋检修		
巡线服务项目款项	无人机巡检		*其他现代服务*运行维护	开票方一般纳税人6%；开票方小规模纳税人3%或1%或免税	
	卫星遥感巡视线路				
	线路智能化巡检				

3.1.4　设备保养费

与设备保养费相关的发票收取与审核要求见表 3-4。

表 3-4   设备保养费相关发票的收取与审核要求

业务类型	业务内容	票据类型	商品及服务名称	税率/征收率	审核要点
设备维护保养项目款项	设备运维项目预付款	收据		开票方一般纳税人6%；开票方小规模纳税人3%或1%或免税	支付预付款时取得发票的，对方增值税纳税义务发生
		增值税发票	*其他现代服务*运行维护		
	设备运维项目进度款		*其他现代服务*运行维护		
	设备运维项目结算款		*其他现代服务*运行维护		

3.1.5 软件/系统运维费

与软件/系统运维费相关的发票收取与审核要求见表 3-5。

表 3-5   软件/系统运维费相关发票的收取与审核要求

业务类型	业务内容	票据类型	商品及服务名称	税率/征收率	审核要点
软件/系统运维项目款项	软件/系统运维预付款	收据		开票方一般纳税人6%；开票方小规模纳税人3%或1%或免税	支付预付款时取得发票的，对方增值税纳税义务发生
		增值税发票	*软件维护服务*软件/系统运维		
	软件/系统运维进度款		*软件维护服务*软件/系统运维		
	软件/系统运维结算款		*软件维护服务*软件/系统运维		

3.1.6 物资采购

与物资采购相关的发票收取与审核要求见表 3-6。

表 3-6   物资采购相关发票的收取与审核要求

业务类型	业务内容	票据类型	商品及服务名称	税率/征收率	审核要点
物资采购款项	检修运维用材料采购	增值税发票	视采购商品确定	开票方一般纳税人13%；开票方小规模纳税人3%或1%或免税	

3.1.7　人员费用

与人员费用相关的发票收取与审核要求见表 3-7。

表 3-7　　　　　　　　人员费用相关发票的收取与审核要求

业务类型	业务内容	票据类型	商品及服务名称	税率/征收率	审核要点
人员费用	住宿费	增值税发票	*住宿服务 * 住宿费	开票方一般纳税人 6%；开票方小规模纳税人 3%或 1%或免税	1. 住宿费超标的，超标部分对应的进项税额不得抵扣。 2. 开票日期、开票单位与出差审批表、会议通知、培训通知等能够相互印证。 3. 餐饮服务发票不得抵扣增值税
	餐费		*餐饮服务 * 餐费		
	劳务派遣支出		*人力资源服务 * 劳务派遣服务	开票方一般纳税人 6%（一般计税）或 5%（差额征税）❶；开票方小规模纳税人 3%或 1%或免税	1. 审核劳务派遣合同有关费用支付条款。 2. 若差额扣除部分和剩余部分分别开具发票：差额扣除部分，即向用工单位收取用于支付给劳务派遣员工工资、福利和为其办理社会保险及住房公积金的费用，不得开具增值税专用发票，但可以开具普通发票（适用 6%或 3%）；剩余部分（适用 5%税率）可以单独开具增值税专用发票；若差额扣除部分和剩余部分开具在一张发票上，即启用差额开票功能开具增值税专用发票，发票备注栏将显示"差额征税"字样，受票方可根据票面税额抵扣增值税

---

❶ 根据《财政部　国家税务总局关于进一步明确全面推开营改增试点有关劳务派遣服务、收费公路通行费抵扣等政策的通知》（财税〔2016〕47 号）内容执行。

3.1.8 福利费

3.1.8.1 医疗支出

与医疗支出相关的发票收取与审核要求见表 3-8。

表 3-8 医疗支出相关发票的收取与审核要求

业务类型	业务内容	票据类型	商品及服务名称	税率/征收率	审核要点
职工疗休养支出	职工疗休养支出	增值税普通发票	*医疗服务*疗休养费	开票方一般纳税人 6%；开票方小规模纳税人 3%或 1%或免税	
职工医疗费	营利性医疗机构	增值税普通发票	*医疗服务*医疗费	开票方一般纳税人 6%；开票方小规模纳税人 3%或 1%或免税	高于指导价部分
				免税	不高于指导价部分
	非营利性医疗机构			开票方一般纳税人 6%；开票方小规模纳税人 3%或 1%或免税	高于指导价部分
		医疗收费票据			不高于指导价部分
职工体检费	职工体检费	增值税普通发票	*医疗服务*体检费	开票方一般纳税人 6%；开票方小规模纳税人 3%或 1%或免税	高于指导价部分
				免税	不高于指导价部分
		医疗收费票据			
职工及家属医药费	职工及家属医药费	增值税普通发票	根据实际购买的药品情况确定	开票方一般纳税人 13%；开票方小规模纳税人 3%或 1%或免税	药房与医疗机构分离
				免税	与医疗服务相关的药品免税
		医疗收费票据			

3.1.8.2 离退休人员支出

与离退休人员支出相关的发票收取与审核要求见表 3-9。

表 3-9　　　　　　　　　离退休人员支出相关发票的收取与审核要求

业务类型	业务内容	票据类型	商品及服务名称	税率/征收率	审核要点
离退休人员医疗费	离退休人员医疗费	参见本节"3.1.8.1 医疗支出"医疗费的相关内容			
离退休人员医药费	离退休人员医药费	参见本节"3.1.8.1 医疗支出"医药费的相关内容			
离退休人员慰问品	采购免税慰问品	增值税普通发票通用机打发票	根据实际购买的慰问品情况确定	免税	
	采购低税率慰问品			开票方一般纳税人9%；开票方小规模纳税人3%或1%或免税	
	采购其他税率慰问品			开票方一般纳税人13%；开票方小规模纳税人3%或1%或免税	

3.1.8.3　职工食堂支出

与职工食堂支出相关的发票收取与审核要求见表 3-10。

表 3-10　　　　　　　　　职工食堂支出相关发票的收取与审核要求

业务类型	业务内容	票据类型	商品及服务名称	税率/征收率	审核要点
食堂采购支出	采购免税食材	增值税普通发票	根据实际购买的食材、食堂用品确定	免税	
	采购低税率食材	增值税发票		开票方一般纳税人9%；开票方小规模纳税人3%或1%或免税	
	采购其他税率食材和其他食堂用品			开票方一般纳税人13%；开票方小规模纳税人3%或1%或免税	

144

业务类型	业务内容	票据类型	商品及服务名称	税率/征收率	审核要点
食堂维修支出	场地维修支出	参见"3.1.3.检修运维费"的房屋检修项目工程款项内容			
	设备维修支出	参见"3.1.3.检修运维费"的设备检修项目工程款项内容			
水电煤支出	自来水支出	参见本章第二节"3.2.1.3水电费"的水费内容			
	电费支出	参见本章第二节"3.2.1.3水电费"的电费内容			
	煤气、天然气支出	增值税发票	*人工煤气/民用天然气/民用液化石油气	9%	
食堂补亏	食堂补亏	收据			收据内容和金额应与结算单一致,收款单位、收款人签章应齐全
搭伙费	搭伙费	增值税普通发票	*餐饮服务*搭伙费	开票方一般纳税人6%;开票方小规模纳税人3%或1%或免税	

3.1.8.4　职工异地安家和探亲假路费

与职工异地安家和探亲假路费相关的票据收取与审核要求见表3-11。

表 3-11　　　职工异地安家和探亲假路费相关发票的收取与审核要求

业务类型	业务内容	票据类型	商品及服务名称	税率/征收率	审核要点
交通费	参见本章第二节"3.2.1.5差旅费"的交通费内容				

3.1.9　工资附加

3.1.9.1　工会经费

与工会经费相关的票据收取与审核要求见表3-12。

表 3-12   工会经费相关票据的收取与审核要求

业务类型	业务内容	票据类型	商品及服务名称	税率/征收率	审核要点
工会经费	工会经费	工会经费专用收据			除取得工会组织开具的加盖财政票据监制章的收据和工会经费代收凭证❶外，其他收据不得在企业所得税税前列支

3.1.9.2 职工教育经费

与职工教育经费相关的发票收取与审核要求见表 3-13。

表 3-13   职工教育经费相关发票的收取与审核要求

业务类型	业务内容	票据类型	商品及服务名称	税率/征收率	审核要点
培训费	培训费、授课费	增值税发票	*非学历教育服务*培训费	开票方一般纳税人6%；开票方小规模纳税人3%或1%或免税	1. 自然人提供的培训、授课等类型劳务不属于税务机关可受理的代开增值税专用发票范围。 2. 税务机关在代开增值税普通发票的备注栏上，加盖税务机关代开发票专用章
交通费	参见本章第二节"3.2.1.5 差旅费"的交通费内容				
住宿费	参见本章第二节"3.2.1.5 差旅费"的住宿费内容				
餐费	参见本章第二节"3.2.1.5 差旅费"的餐费内容				
购置支出	购置教育图书	参见本章第二节"3.2.1.1 办公费"的图书内容			
	购置教育报刊、杂志	参见本章第二节"3.2.1.1 办公费"的报刊、杂志内容			
	购置教育音像制品和电子出版物	参见本章第二节"3.2.1.1 办公费"的音像制品和电子出版物内容			
	购置教学设备	增值税发票	根据实际购置教学设备确定	开票方一般纳税人13%；开票方小规模纳税人3%或1%或免税	

---

❶ 根据《国家税务总局关于税务机关代收工会经费企业所得税税前扣除凭据问题的公告》(国家税务总局公告 2011 年第 30 号)规定：自 2010 年 1 月 1 日起，在委托税务机关代收工会经费的地区，企业拨缴的工会经费，也可凭合法、有效的工会经费代收凭据依法在税前扣除。

续表

业务类型	业务内容	票据类型	商品及服务名称	税率/征收率	审核要点
租赁支出	租赁教学场地	参见本章第二节"3.2.1.19 租赁费"的不动产租赁费内容			
	租赁教学设备	参见本章第二节"3.2.1.19 租赁费"的有形动产租赁费内容			

3.1.10 其他运营成本

与其他运营成本相关的发票收取与审核要求见表 3-14。

表 3-14　　　　其他运营成本相关发票的收取与审核要求

业务类型	业务内容	票据类型	商品及服务名称	税率/征收率	审核要点
垂直接地服务❶	垂直接地施工	增值税发票	*建筑服务 * 安装服务	开票方一般纳税人 9%（一般计税）或 3%（简易计税）；开票方小规模纳税人 3% 或 1% 或免税	简易计税场景包括甲供材、清包工、营改增前老项目
环网柜"二遥"改造❷	环网柜"二遥"改造		*建筑服务 * 其他建筑服务		
设备防腐、油漆等工程作业	设备防腐、油漆涂装等		*建筑服务 * 安装服务		
杆塔接地网治理❸	杆塔接地网治理		*建筑服务 * 其他建筑服务		
线路防雷综合治理/线路综合治理❹	线路防雷综合治理/线路综合治理		*建筑服务 * 其他建筑服务		
加装其他物体延长设备使用寿命	组合电器防雨罩加装、箱体防凝露治理、密封治理		*建筑服务 * 修缮服务		
通信光缆三跨改造❺	通信光缆三跨改造		*建筑服务 * 工程服务		

❶ 垂直接地服务，是指将设备连接到大地的施工，一端连接设备外壳，另一端连接大地。

❷ 环网柜"二遥"改造，是指对 10kV 二遥终端汇集单元、二遥终端采集单元、温湿度传感器等二次设备改造，环网柜电压互感器、电缆终端头等一次设备改造，以及环网柜防凝露及电缆沟通道封堵、外壳翻新等土建部分改造。

❸ 杆塔接地网治理，是指将杆塔接地网挖断外露，对其进行接地网治理。

❹ 线路防雷综合治理/线路综合治理，是指安装避雷器，并进行导通改造，更换横担，新增电杆，加装玻璃绝缘子，更换绝缘子，对电杆的锈蚀接地体进行更换，防腐处理等。

❺ 通信光缆三跨改造，是指因通信光缆跨高速公路、高速铁路，以及跨越骨干网架线路、电铁牵引站供电线路、铁路信号电源线路进行的线路改造。

3.2　费用类业务

3.2.1　运营费用

3.2.1.1　办公费

与办公费相关的发票收取与审核要求见表 3-15。

表 3-15　　　　　　　　　　办公费相关发票的收取与审核要求

业务类型	业务内容	票据类型	商品及服务名称	税率/征收率	审核要点
办公用品	办公用品	增值税发票通用机打发票	视办公用品确定	开票方一般纳税人 13%；开票方小规模纳税人 3% 或 1% 或免税	发票内容不得出现护肤膏、防晒霜、牙膏、工作服、礼品、食堂餐座椅等非办公用品
	电脑耗材		视电脑耗材确定		
行政费用	不动产登记费	非税收入统一票据			
	工本费				
报纸、杂志、图书资料费	图书	增值税普通发票	*有刊号图书、报纸、期刊类印刷品	免税	2021 年 1 月 1 日起至 2023 年 12 月 31 日，免征图书批发、零售环节增值税
	报纸、杂志			开票方一般纳税人 9%；开票方小规模纳税人 3% 或 1% 或免税	
	音像制品和电子出版物	增值税发票	*电子出版物		
	缺少刊号的图书、报纸、杂志及其他资料		*无刊号图书、报纸、期刊类印刷品	开票方一般纳税人 13%；开票方小规模纳税人 3% 或 1% 或免税	

续表

业务类型	业务内容	票据类型	商品及服务名称	税率/征收率	审核要点
印刷费	印刷厂自购纸张、印刷有统一刊号的图书、报纸、杂志	增值税发票	*有刊号图书、报纸、期刊类印刷品	开票方一般纳税人9%；开票方小规模纳税人3%或1%或免税	2021年1月1日起至2023年12月31日，免征图书批发、零售环节增值税
	委托方提供纸张，印刷厂印刷		*其他加工劳务*印刷	开票方一般纳税人13%；	
	印刷厂自购纸张，印刷除图书，报纸，杂志以外其他印刷品		*无刊号图书、报纸、期刊类印刷品	开票方小规模纳税人3%或1%或免税	
邮政业服务费	邮政普遍服务	增值税普通发票	*邮政普遍服务	免税	中国邮政集团公司及其所属邮政企业提供的邮政普遍服务和邮政特殊服务为免税
	邮政特殊服务		*邮政特殊服务		
	其他邮政服务		*邮政特殊服务	开票方一般纳税人9%；开票方小规模纳税人3%或1%或免税	
快递费	快递费	增值税发票	*收派服务*快递费	开票方一般纳税人6%（一般计税）或3%（简易计税）；开票方小规模纳税人3%或1%或免税	
通信费	基础电信服务费		*电信服务*基础电信服务费	9%	
	增值电信服务费		*电信服务*增值电信服务费	6%	
气象服务费	气象服务费		*研发和技术服务*气象服务	开票方一般纳税人6%；开票方小规模纳税人3%或1%或免税	

3.2.1.2 会议费

与会议费相关的发票收取与审核要求见表 3-16。

表 3-16　　　　　　　　会议费相关发票的收取与审核要求

业务类型	业务内容	票据类型	商品及服务名称	税率/征收率	审核要点
会议费	会议服务费	增值税发票	*会展服务 *会议费	开票方一般纳税人6%； 开票方小规模纳税人3%或1%或免税	1. 会议费用开支范围包括会议住宿费、伙食费、会议室租金、交通费、文件印刷费、医药费等。 2. 餐饮、住宿等如作为会议的配套服务，可取得与会议费一并开具的专用发票，进项税额可以抵扣；如未与会议高度相关且各自构成单项履约的，应取得分别开具的发票，餐费不得进项扣除。 3. 开票日期和开票单位应能与会议通知相互印证，如会议召开时间是否早于审批时间。除特殊情况，发票金额应符合会议等级标准

3.2.1.3 水电费

与水电费相关的发票收取与审核要求见表 3-17。

表 3-17　　　　　　　　水电费相关发票的收取与审核要求

业务类型	业务内容	票据类型	商品及服务名称	税率/征收率	审核要点
水电费	水费	增值税发票	*自来水 *水费	9%（一般征收）或3%（简易征收）	对于租赁共同发生的水电费，可由出租方以转售方式开具发票，也可以根据分摊比例开具分割单
	电费		*供电 *电费	13%	
取暖费	取暖费		*热力 *采暖费	开票方一般纳税人9%；开票方小规模纳税人3%或1%或免税	员工取得用于报销的暖气费发票时应填写个人姓名，同时将所在单位及家庭住址等信息填写在发票备注栏，该部分进项税额不得抵扣

3.2.1.4 物业管理费

与物业管理费相关的发票收取与审核要求见表 3-18。

表 3-18 物业管理费相关发票的收取与审核要求

业务类型	业务内容	票据类型	商品及服务名称	税率/征收率	审核要点
物业费	物业管理费	增值税发票	*企业管理服务 * 物业管理服务	开票方一般纳税人 6%；开票方小规模纳税人 3% 或 1% 或免税	
	物业代收水费		* 自来水 * 水费	开票方一般纳税人 9%；开票方小规模纳税人 3% 或 1% 或免税	物业代收水费，应要求对方全额开具发票
	物业停车费	增值税发票 通用机打发票 增值税定额发票	*不动产经营租赁 * 车辆停放服务	开票方一般纳税人 9%（一般计税）或 5%（简易计税）；开票方小规模纳税人 5% 或免税	简易计税场景指营改增前老项目
	物业装修费	增值税普通发票	*建筑服务预收款 * 预收装修款	不征税	1. 发票内容为"612建筑服务预收款"，实质是收据。 2. 备注栏注明建筑服务发生地县（市、区）名称及工程名称物
		增值税发票	*建筑服务 * 装饰服务	开票方一般纳税人 9%（一般计税）或 3%（简易计税）；开票方小规模纳税人 3% 或 1% 或免税	1. 备注栏注明建筑服务发生地县（市、区）名称及工程名称。 2. 简易计税场景包括甲供材、清包工、营改增前老项目

3.2.1.5 差旅费

与差旅费相关的发票收取与审核要求见表 3-19。

电网企业发票管理实操及疑难问题处置 <<<

表 3-19 差旅费相关发票的收取与审核要求

业务类型	业务内容	票据类型	商品及服务名称	税率/征收率	审核要点
交通费	公共交通客运	定额发票		免税	1. 相关票证的目的地、日期、旅客信息应与出差审核表、会议通知、培训通知等能相互印证。 2. 国内客运服务，其进项税额允许从销项税额中抵扣的情况为：（1）取得的增值税专用发票；（2）取得增值税电子普通发票的，发票上注明的税额；（3）取得注明旅客身份信息的航空运输电子客票行程单、铁路车票、公路及水路等其他客票的，可计算抵扣进项税额
	飞机	航空运输电子客票行程单		9%	
	火车	火车票		9%	
	汽车	汽车客运车票		3%或免税（阶段性纾困）❶	
	轮船	水路运输客票		3%或免税（阶段性纾困）	
	出租车	通用机打发票 定额发票		开票方一般纳税人9%（一般计税）或3%（简易计税）或免税（阶段性纾困）；	
	网络叫车	增值税普通发票	*运输服务*其他城市旅客公共交通服务	开票方小规模纳税人3%或1%或免税	合同应体现附带司机，否则将属于提供动产租赁服务（租赁车辆）
	租车费		*有形动产经营租赁*租车费	开票方一般纳税人13%；开票方小规模纳税人3%或1%或免税	合同应体现不附带司机，否则将属于提供交通运输服务
	退票费		*其他现代服务*退票费	6%	
住宿费	住宿费	增值税发票	*住宿服务*住宿费	开票方一般纳税人6%；开票方小规模纳税人3%或1%或免税	1. 开票日期、开票单位与出差审批表、会议通知、培训通知等能相互印证。 2. 住宿费超标的，超标部分所对应的进项税额不得抵扣，应进项转出
会务费	会务费		*会展服务*会务费		

❶ 《财政部 税务总局关于促进服务业领域困难行业纾困发展有关增值税政策的公告》（财政部 税务总局公告 2022 年第 11 号）第三条规定：自 2022 年 1 月 1 日至 2022 年 12 月 31 日，对纳税人提供公共交通运输服务取得的收入，免征增值税。根据《营业税改征增值税试点有关事项的规定》，公共交通运输服务包括轮客渡、公交客运、地铁、城市轻轨、出租车、长途客运、班车。

业务类型	业务内容	票据类型	商品及服务名称	税率/征收率	审核要点
餐费	餐费	增值税普通发票通用机打发票	*餐饮服务*餐费	开票方一般纳税人6%；开票方小规模纳税人3%或1%或免税	餐饮、住宿等作为会议配套服务的，可与会议费一并开具的专用发票，进项税额可以抵扣；如未与会议高度相关而各自构成单项履约的，应取得分别开具的发票，餐费不得进项扣除

3.2.1.6 电力设施保护费

与电力设施保护费相关的发票收取与审核要求见表3-20。

表 3-20　　　　　　电力设施保护费相关发票的收取与审核要求

业务类型	业务内容	票据类型	商品及服务名称	税率/征收率	审核要点
电力设施保护费	标识费	增值税发票	*印刷品*具体名称	开票方一般纳税人13%；开票方小规模纳税人3%或1%或免税	
	线路安装防外破警示牌		*建筑服务*安装服务	开票方一般纳税人9%（一般计税）或3%（简易计税）；开票方小规模纳税人3%或1%或免税	简易计税场景包括甲供材、清包工、营改增前老项目
	广告服务费		*广告服务*宣传费	开票方一般纳税人6%；开票方小规模纳税人3%或1%或免税	
	视频制作费		*广告影视服务*制作费		
	护线费		*人力资源服务*劳务派遣服务	开票方一般纳税人6%（一般计税）或5%（差额征税）；开票方小规模纳税人3%或1%或免税	1. 审核劳务派遣合同有关费用支付条款。2. 若差额扣除部分和剩余部分分别开具发票：差额扣除部分，即向用工单位收取用于支付给劳务派遣员工工资、福利和为其办理社会保险及住房公积金的费用，不得开具增值税专用发票，但可以开具普通发票（适用6%或3%）；剩余部分（适用5%税率）可以单独开具增值税专用发票；若差额扣除部分和剩余部分开具在一张发票上，即启用差额开票功能开具增值税专用发票，发票备注栏将显示"差额征税"字样，受票方可根据票面税额抵扣增值税

3.2.1.7 低值易耗品

与低值易耗品相关的发票收取与审核要求见表3-21。

表3-21 低值易耗品相关发票的收取与审核要求

业务类型	业务内容	票据类型	商品及服务名称	税率/征收率	审核要点
采购低值易耗品支出	购买低值易耗品	增值税发票	根据实际采购的低值易耗品确定	开票方一般纳税人13%；开票方小规模纳税人3%或1%或免税	

3.2.1.8 安全费

与安全费相关的发票收取与审核要求见表3-22。

表3-22 安全费相关发票的收取与审核要求

业务类型	业务内容	票据类型	商品及服务名称	税率/征收率	审核要点
采购安全防护用品支出	劳保安全用品	增值税发票	视劳保安全用品具体类型确定	开票方一般纳税人13%；开票方小规模纳税人3%或1%或免税	当购进的劳保安全用品取得合法的增值税抵扣凭证，其进项税额可以从销项税额中抵扣
	防暑降温药品		视防暑降温药品具体类型确定		
	采购安全画册、海报等	参见本节"3.2.1.1办公费"的印刷品内容			
安保服务费	安保服务费	参见本章第一节"3.1.7.人员费用"的劳务派遣支出内容			
维护安全防护设备支出	维修安全防护设备支出	参见本章第一节"3.1.3.检修运维费"的设备检修项目工程款项内容			
	安全设备维护保养支出	参见本章第一节"3.1.4.设备保养费"内容			
安检评价评估支出	安检评价评估支出	增值税发票	*鉴证服务*评估费 *认证服务*评估费	开票方一般纳税人6%；开票方小规模纳税人3%或1%或免税	
专职消防驻站服务支出	专职消防队驻站服务		*安全保护服务*安全保护服务		

3.2.1.9 检测费

与检测费相关的发票收取与审核要求见表3-23。

表 3-23			检测费相关发票的收取与审核要求		
业务类型	业务内容	票据类型	商品及服务名称	税率/征收率	审核要点
检测费	设备检测费	增值税发票	*认证服务 * 检测费 *鉴证服务 * 检测费	开票方一般纳税人 6%； 开票方小规模纳税人 3% 或 1%或免税	

3.2.1.10 保险费

与保险费相关的发票收取与审核要求见表 3-24。

表 3-24			保险费相关发票的收取与审核要求		
业务类型	业务内容	票据类型	商品及服务名称	税率/征收率	审核要点
保险费	财产一切险、公众责任险等	增值税发票	*财产保险服务 * 财产一切险 *财产保险服务 * 公众责任险	6%	备注栏如注明保险单号，应与保险单一致
	特殊工种保险		*人身保险服务 * 特殊工种保险		

3.2.1.11 信息系统运维费

与信息系统运维费相关的发票收取与审核要求见表 3-25。

表 3-25			信息系统运维费相关发票的收取与审核要求		
业务类型	业务内容	票据类型	商品及服务名称	税率/征收率	审核要点
信息系统运维费	信息系统运维	增值税发票	* 软件维护服务 * 信息系统维护费	开票方一般纳税人 6%； 开票方小规模纳税人 3% 或 1%或免税	

3.2.1.12 运输费

与运输费相关的发票收取与审核要求见表 3-26。

表 3-26			运输费相关发票的收取与审核要求		
业务类型	业务内容	票据类型	商品及服务名称	税率/征收率	审核要点
货运费	陆路货物运输服务	增值税发票	*陆路货物运输服务❶	开票方一般纳税人 9%； 开票方小规模纳税人 3% 或 1%或免税	备注栏应体现起运地、到达地、车种车号以及运输货物信息等内容

---

❶ 国家税务总局关于开展网络平台道路货物运输企业代开增值税专用发票试点工作的通知》（税总函〔2019〕405 号）规定，纳入试点的网络平台道路货物运输企业可以为同时符合以下条件的货物运输业小规模纳税人代开增值税专用发票。

续表

业务类型	业务内容	票据类型	商品及服务名称	税率/征收率	审核要点
货运费	水路货物运输服务	增值税发票	*水路货物运输服务 *水路货物运输期租业务❶ *水路货物运输程租业务❷	开票方一般纳税人9%; 开票方小规模纳税人3%或1%或免税	备注栏应体现起运地、到达地、车种车号以及运输货物信息等内容
	航空货物运输服务		*航空货物运输服务 *航空货物运输湿租业务❸		
	无运输工具承运业务		*无运输工具承运业务		
	货物联运服务		*货物联运服务		
客运费	班车费		*出租汽车客运服务 *班车服务	开票方一般纳税人9%(一般计税)或3%(简易计税)或免税(阶段性纾困); 开票方小规模纳税人3%或1%或免税	合同应体现附带司机,否则将属于提供动产租赁服务(租赁车辆)

3.2.1.13 业务招待费

与业务招待费相关的发票收取与审核要求见表 3-27。

表 3-27 业务招待费相关发票的收取与审核要求

业务类型	业务内容	票据类型	商品及服务名称	税率/征收率	审核要点
交通费	参见本节"1.5 差旅费用"内容				1. 相关票证的目的地、日期、旅客信息应能与接待审批单、派出单位公函等相互印证。
住宿费					2. 由于被接待人员非本单位员工,因此相关进项税额不得抵扣

---

❶ 水路货物运输期租业务,是指运输企业为租船人完成某一特定航次的运输货物任务并收取租赁费的业务。

❷ 水路货物运输承租业务,是指运输企业将配备有操作人员的船舶承租给他人使用(主要用于货物运输)一定期限,承租期内听候承租方调遣,不论是否经营,均按天向承租方收取租赁费,发生的固定费用均由船东负担的业务。

❸ 航空货物运输湿租业务,是指航空运输企业将配备有机组人员的飞机承租给他人使用(主要用于货物运输)一定期限,承租期内听候承租方调遣,不论是否经营,均按一定标准向承租方收取租赁费,发生的固定费用均由承租方承担的业务。

156

业务类型	业务内容	票据类型	商品及服务名称	税率/征收率	审核要点
采购礼品支出	采购礼品	增值税发票	视采购的礼品确定	开票方一般纳税人13%；开票方小规模纳税人3%或1%或免税	相关进项税额不得抵扣

3.2.1.14 鉴证咨询费❶

与鉴证咨询费相关的发票收取与审核要求见表3-28。

表 3-28　　　　　　　鉴证咨询费相关发票的收取与审核要求

业务类型	业务内容	票据类型	商品及服务名称	税率/征收率	审核要点
咨询费	专家咨询费	增值税发票	*咨询服务 * 专家费	开票方一般纳税人6%；开票方小规模纳税人3%或1%或免税	1. 已办理税务登记的小规模纳税人（包括个体经营者）发生增值税应税行为、需要开具增值税专用发票时，可向主管税务机关申请代开。2. 税务机关代开发票加盖税务机关代开发票专用章，备注栏注明纳税人名称和纳税人识别号
	顾问咨询费		*咨询服务 * 顾问费		
	评审费		*咨询服务 * 评审费		
	法律咨询		*咨询服务 * 法律咨询费		
	诉讼代理		*经纪代理服务 * 诉讼代理费		
认证费	认证费		*认证服务		
鉴证费	审计费		*鉴证服务 * 审计费		
	环评费		*鉴证服务 * 环评费		

3.2.1.15 中介费

与中介费相关的发票收取与审核要求见表3-29。

---

❶ 常见的鉴证咨询费包括水土保护监测及验收服务、工程边坡位移监测服务、选址选线评估论证服务。

表 3-29   中介费相关发票的收取与审核要求

业务类型	业务内容	票据类型	商品及服务名称	税率/征收率	审核要点
中介费	专利年费	增值税发票	*专利技术 *专利使用费	开票方一般纳税人6%；开票方小规模纳税人3%或1%或免税	
	查新费		*知识产权服务 *查新费		

3.2.1.16 绿化费

与绿化费相关的发票收取与审核要求见表 3-30。

表 3-30   绿化费相关发票的收取与审核要求

业务类型	业务内容	票据类型	商品及服务名称	税率/征收率	审核要点
绿化费	购买花卉、盆栽	增值税普通发票	*花卉 *盆栽花等	免税	农业生产者自产初级农产品为免税
	盆栽、盆景租赁	增值税发票通用机打发票	*有形动产经营租赁 *盆栽、盆景租赁	开票方一般纳税人13%；开票方小规模纳税人3%或1%或免税	
	园林绿化工程预收款	增值税普通发票	*建筑服务预收款 *预收园林绿化工程款	不征税	1. 园林绿化工程发票应在备注栏注明建筑服务发生地县（市、区）名称及施工项目名称。 2. 支付预付款时取得发票，对方增值税纳税义务发生。 3. 简易计税场景包括甲供材、清包工、营改增前老项目
			*其他建筑服务 *园林绿化工程	开票方一般纳税人9%（一般计税）或3%（简易计税）；开票方小规模纳税人3%或1%或免税	
	园林绿化工程预收款进度款	增值税发票	*其他建筑服务 *园林绿化工程		
	园林绿化工程预收款结算款		*其他建筑服务 *园林绿化工程		
	日常绿化养护		*其他生活服务 *绿化养护❶	开票方一般纳税人6%；开票方小规模纳税人3%或1%或免税	

3.2.1.17 广告宣传费

与广告宣传费相关的发票收取与审核要求见表 3-31。

---

❶《国家税务总局关于进一步明确营改增有关征管问题的公告》（国家税务总局公告 2017 年第 11 号）第五条规定：纳税人提供植物养护服务，按照"其他生活服务"缴纳增值税。

表 3-31 广告宣传费相关发票的收取与审核要求

业务类型	业务内容	票据类型	商品及服务名称	税率/征收率	审核要点
广告宣传费	广告费	增值税发票	*广告服务 *宣传费	开票方一般纳税人 6%；开票方小规模纳税人 3% 或 1% 或免税	
	视频制作费		*广告影视服务 *制作费		
	购买/印刷宣传品		*印刷品 *具体名称	开票方一般纳税人 13%；开票方小规模纳税人 3% 或 1% 或免税	

3.2.1.18 业务费

与业务费相关的发票收取与审核要求见表 3-32。

表 3-32 业务费相关发票的收取与审核要求

业务类型	业务内容	票据类型	商品及服务名称	税率/征收率	审核要点
业务费	停电通知费	增值税发票	*广告服务 *公告费	开票方一般纳税人 6%；开票方小规模纳税人 3% 或 1% 或免税	
	代收电费手续费		*经纪代理服务 *其他经纪代理服务		

3.2.1.19 租赁费

与租赁费相关的发票收取与审核要求见表 3-33。

表 3-33 租赁费相关发票的收取与审核要求

业务类型	业务内容	票据类型	商品及服务名称	税率/征收率	审核要点
租赁费	不动产租赁费(包括房屋、土地、车位等租赁费等)	增值税发票	*不动产经营租赁 *租赁费	开票方一般纳税人 9%(一般计税)或 5%(简易计税)；开票方小规模纳税人 5% 或免税(通常情况)，1.5% 或免税(其他个人与个体户出租住房)	1. 由纳税人自行开具或者税务机关代开的发票备注栏应注明不动产详细地址。 2. 简易计税场景指营改增前老项目。 3. 税务机关为其他个人出租不动产代开发票的备注栏应注明出租人姓名、身份证号、不动产详细地址。 4. 其他个人出租不动产的，可向税务机关申请代开增值税专用发票❶

---

❶ 《国家税务总局关于营业税改征增值税委托地税局代征税款和代开增值税发票的通知》（税总函〔2016〕145 号）规定：其他个人销售其取得的不动产和出租不动产，购买方或承租方不属于其他个人的，纳税人缴纳增值税后可以向地税局申请代开增值税专用发票。

续表

业务类型	业务内容	票据类型	商品及服务名称	税率/征收率	审核要点
租赁费	有形动产租赁费（包括设备、变压器、车辆等租赁费）	增值税发票	*有形动产经营租赁*租赁费	开票方一般纳税人 13%（一般计税）或 3%（简易计税）；开票方小规模纳税人 3% 或 1% 或免税	1. 租赁车辆的，合同应体现不附带司机，否则将属于提供交通运输服务。 2. 简易计税场景指以纳入营改增试点之日前取得的有形动产为标的物提供的经营租赁服务、在纳入营改增试点之日前签订的尚未执行完毕的有形动产租赁合同
	无线电频占费	非税收入统一票据			

3.2.1.20　地方政府收费

与地方政府收费相关的票据收取与审核要求见表 3-34。

表 3-34　　　　　　　　地方政府收费相关票据的收取与审核要求

业务类型	业务内容	票据类型	商品及服务名称	税率/征收率	审核要点
地方政府收费	污水处理费、城市道路占用、挖掘修复费等	非税收入统一票据			

3.2.1.21　党建工作经费

与党建工作经费相关的发票收取与审核要求见表 3-35。

表 3-35　　　　　　　　党建工作经费相关票据的收取与审核要求

业务类型	业务内容	票据类型	商品及服务名称	税率/征收率	审核要点
党建工作经费	报纸、杂志、图书资料费	参见本节"3.2.1.1 办公费"的报纸、杂志、图书资料费内容			
	购买宣传品、证书、奖杯、奖牌、服装等	增值税发票	视采购商品确定	开票方一般纳税人 6%；开票方小规模纳税人 3% 或 1% 或免税	
	外出学习考察交通费	参见本节"3.2.1.5 差旅费"的交通费、住宿费、会务费、餐费内容			

业务类型	业务内容	票据类型	商品及服务名称	税率/征收率	审核要点
党建工作经费	讲课费	增值税发票	*生活服务 *非学历教育服务	开票方一般纳税人6%；开票方小规模纳税人3%或1%或免税	1. 已办理税务登记的小规模纳税人（包括个体经营者）发生增值税应税行为、需要开具增值税专用发票时，可向主管税务机关申请代开。 2. 税务机关代开发票加盖税务机关代开发票专用章，备注栏注明纳税人名称和纳税人识别号
	宣传费		*广告服务 *宣传费 *广播影视服务 *制作费		
	平台维护费	参见本节"3.2.1.11 信息系统运维费"内容			
	咨询费、评审费	参见本节"3.2.1.14 鉴证咨询费"的专家咨询费、顾问咨询费、评审费内容			
	门票费	定额发票			
	导游费、讲解费	增值税普通发票通用机打发票	*旅游服务 *导游费 *旅游服务 *讲解费	开票方一般纳税人6%；开票方小规模纳税人3%或1%或免税	
	户外拓展服务费	增值税发票	*旅游服务 *户外拓展费		相关进项税额不得抵扣

3.2.1.22 卫生清洁费

与卫生清洁费相关的发票收取与审核要求见表3-36。

表3-36　　　　　　　卫生清洁费相关发票的收取与审核要求

业务类型	业务内容	票据类型	商品及服务名称	税率/征收率	审核要点
卫生清洁费	以服务成果作为交付	增值税发票	*其他生活服务 *清洁卫生	开票方一般纳税人6%；开票方小规模纳税人3%或1%或免税	如果清洁卫生包含在物业管理范畴内，清洁卫生费应在物业费中一并核算

业务类型	业务内容	票据类型	商品及服务名称	税率/征收率	审核要点
卫生清洁费	以劳务派遣形式提供服务	增值税发票	*人力资源服务*劳务派遣	开票方一般纳税人6%（一般计税）或5%（差额征税）；开票方小规模纳税人3%或1%或免税	1. 审核劳务派遣合同有关费用支付条款。 2. 若差额扣除部分和剩余部分分别开具发票：差额扣除部分，即向用工单位收取用于支付给劳务派遣员工工资、福利和为其办理社会保险及住房公积金的费用，不得开具增值税专用发票，但可以开具普通发票（适用6%或3%）；剩余部分（适用5%税率）可以单独开具增值税专用发票；若差额扣除部分和剩余部分开具在一张发票上，即启用差额开票功能开具增值税专用发票，发票备注栏将显示"差额征税"字样，受票方可根据票面税额抵扣增值税

3.2.1.23　车辆使用费

与车辆使用费相关的发票收取与审核要求见表3-37。

表3-37　　　　　　车辆使用费相关发票的收取与审核要求

业务类型	业务内容	票据类型	商品及服务名称	税率/征收率	审核要点
车辆使用费	车辆修理费	增值税发票	*修理修配劳务*车辆修理费	开票方一般纳税人13%；开票方小规模纳税人3%或1%或免税	开票金额应与车辆修理清单一致
	车辆年检费		*认证服务*车辆年检	6%	
	车辆停车费	增值税发票/通用机打发票/定额发票	*不动产经营租赁*车辆停放费	开票方一般纳税人9%（一般计税）或5%（简易计税）；开票方小规模纳税人5%或免税	简易计税场景指营改增前老项目

续表

业务类型	业务内容	票据类型	商品及服务名称	税率/征收率	审核要点
车辆使用费	车辆过路费	通用机打发票/定额发票/收费公路通行费财政票据		9%（一般计税）；5%或3%❶（简易计税）；不征税（财政票据）	作为车辆过路费的财政票据不得抵扣进项税额
	车辆ETC过境费	增值税电子普通发票	*预存通行费	不征税	1. 适用于客户采取充值方式预存通行费。2. 发票左上角无"通行费"字样
		增值税电子普通发票/收费公路通行费电子票据汇总单	*不动产经营租赁*通行费	9%（一般计税）；5%或3%（简易计税）	发票左上角有"通行费"字样
	车辆燃油费	增值税发票	*汽油*具体汽油型号 *柴油*具体柴油型号	13%	1. 加油站发售加油卡、加油凭证时不开具发票。2. 凭加油凭证（卡）购油的用户换开增值税专用发票的，持加油站出具的《加油凭证（卡）加油证明单》，向预售单位申请开具。3. 发票左上角有"成品油"字样。4. 发票"单位"栏应为"吨"或"升"，"商品服务名称"和"规格型号"应正确填写

❶ 5%的征收率基于《财政部 国家税务总局关于进一步明确全面推开营改增试点有关劳务派遣服务、收费公路通行费抵扣等政策的通知》（财税〔2016〕47号）"一般纳税人收取试点前开工的一级公路、二级公路、桥、闸通行费，可以选择适用简易计税方法，按照5%的征收率计算缴纳增值税"的规定；3%的征收率基于《营业税改征增值税试点有关事项的规定》关于不动产经营租赁服务的规定确定：公路经营企业中的一般纳税人收取试点前开工的高速公路的车辆通行费，可以选择适用简易计税方法，减按3%的征收率计算应纳税额"的规定。

业务类型	业务内容	票据类型	商品及服务名称	税率/征收率	审核要点
车辆使用费	车辆保险费	增值税发票	*保险服务 *财产保险	6%	保险机构在收取车辆保险费、代收车船税并开具增值税发票时，应在发票备注栏中注明代收车船税税款信息。具体包括：保险单号、税款所属期（详细至月）、代收车船税金额、滞纳金金额、金额合计等。该增值税发票可作为纳税人缴纳车船税及滞纳金的会计核算原始凭证

3.2.1.24 节能服务费

与节能服务费相关的发票收取与审核要求见表3-38。

表3-38   节能服务费相关发票的收取与审核要求

业务类型	业务内容	票据类型	商品及服务名称	税率/征收率	审核要点
节能服务费	合同能源管理服务	增值税普通发票	*合同能源管理服务 *节能服务	免税	合同能源管理服务满足免征增值税条件
	其他节能服务	增值税发票	*研发和技术服务 *节能服务	开票方一般纳税人6%；开票方小规模纳税人3%或1%或免税	合同能源管理服务不满足免征增值税条件

3.2.1.25 外部劳务费

与外部劳务费相关的发票收取与审核要求见表3-39。

表3-39   外部劳务费相关发票的收取与审核要求

业务类型	业务内容	票据类型	商品及服务名称	税率/征收率	审核要点
外部劳务费	劳务派遣费	增值税发票	*人力资源服务 *劳务派遣服务	开票方一般纳税人6%（一般计税）或5%（差额征税）；开票方小规模纳税人3%或1%或免税	1. 审核劳务派遣合同有关费用支付条款。

续表

业务类型	业务内容	票据类型	商品及服务名称	税率/征收率	审核要点
外部劳务费	劳务派遣费	增值税发票	*人力资源服务 *劳务派遣服务	开票方一般纳税人6%（一般计税）或5%（差额征税）；开票方小规模纳税人3%或1%或免税	2. 若差额扣除部分和剩余部分分别开具发票：差额扣除部分，即向用工单位收取用于支付给劳务派遣员工工资、福利和为其办理社会保险及住房公积金的费用，不得开具增值税专用发票，但可以开具普通发票（适用6%或3%）；剩余部分（适用5%税率）可以单独开具增值税专用发票；若差额扣除部分和剩余部分开具在一张发票上，即启用差额开票功能开具增值税专用发票，发票备注栏将显示"差额征税"字样，受票方可根据票面税额抵扣增值税
	临时用工劳务费（自然人代开）		根据实际用工情况确定	开票方一般纳税人6%；开票方小规模纳税人3%或1%或免税	1. 已办理税务登记的小规模纳税人（包括个体经营者）发生增值税应税行为、需要开具增值税专用发票时，可向主管税务机关申请代开。2. 税务机关代开发票加盖税务机关代开发票专用章，备注栏注明纳税人名称和纳税人识别号
	临时用工劳务费（建筑劳务）		*建筑服务	开票方一般纳税人9%（一般计税）或3%（简易计税）；开票方小规模纳税人3%或1%或免税	简易计税场景包括甲供材、清包工、营改增前老项目
	临时用工劳务费（其他劳务）		根据实际用工情况确定	开票方一般纳税人6%；开票方小规模纳税人3%或1%或免税	

3.2.1.26 仓储物流费

与仓储物流费相关的发票收取与审核要求见表3-40。

表 3-40 仓储物流费相关发票的收取与审核要求

业务类型	业务内容	票据类型	商品及服务名称	税率/征收率	审核要点
仓储、物流费	装卸搬运费	增值税发票	*物流辅助服务*装卸搬运服务	开票方一般纳税人6%；开票方小规模纳税人3%或1%或免税	
	吊装费		*物流辅助服务*装卸搬运服务		
	仓储费		*物流辅助服务*其他仓储服务		

3.2.2 财务费用

3.2.2.1 银行或其他金融机构手续费

与银行或其他金融机构手续费相关的发票收取与审核要求见表3-41。

表 3-41 银行或其他金融机构手续费相关发票的收取与审核要求

业务类型	业务内容	票据类型	商品及服务名称	税率/征收率	审核要点
银行或其他金融机构手续费	融资手续费	增值税发票	*金融服务*直接收费金融服务	6%	向贷款方支付的与该笔贷款直接相关的手续费不得从销项税额中扣除
	其他手续费				

3.2.2.2 利息费用

与利息费用相关的发票收取与审核要求见表3-42。

表 3-42 利息费用相关发票的收取与审核要求

业务类型	业务内容	票据类型	商品及服务名称	税率/征收率	审核要点
利息费用	银行借款	增值税普通发票	*企业贷款*银行贷款利息	6%	贷款利息不得从销项税额中扣除
	委托贷款		*企业贷款*委托贷款利息		贷款利息不得从销项税额中扣除；委托贷款利息发票由实际出借方开具，银行等金融机构仅基于监管、代收等职责的履行开具服务费发票

业务类型	业务内容	票据类型	商品及服务名称	税率/征收率	审核要点
利息费用	统借统还	增值税普通发票	*企业贷款*银行贷款利息	免税	企业集团或企业集团中的核心企业以及集团所属财务公司按不高于支付给金融机构的借款利率水平或者支付的债券票面利率水平，向企业集团或者集团内下属单位收取的利息，免征增值税
				6%	1. 统借方向资金使用单位收取的利息，高于支付给金融机构借款利率水平或者支付的债券票面利率水平的，应全额缴纳增值税。 2. 贷款利息不得从销项税额中扣除

3.2.3 营业外支出

3.2.3.1 捐赠支出

与捐赠支出相关的票据收取与审核要求见表3-43。

表 3-43 捐赠支出相关票据的收取与审核要求

业务类型	业务内容	票据类型	商品及服务名称	税率/征收率	审核要点
捐赠支出	公益性捐赠	公益事业捐赠统一票据			1. 取得的公益事业捐赠统一票据应为机打票据，加盖财政票据监制章。 2. 捐赠单位名称、款项内容、大小写金额与相关文件能够相互印证。 3. 接收单位、开票人、收款人签章齐全。 4. 捐赠货物符合向目标脱贫地区用于扶贫的，免征增值税；其他情况应视同销售并计征增值税
	非公益性捐赠	其他凭证			1. 非公益性捐赠不得在企业所得税税前扣除。 2. 捐赠货物符合向目标脱贫地区用于扶贫的，免征增值税；其他情况应视同销售并计征增值税

3.2.3.2 罚没、赔偿支出

与罚没、赔偿支出相关的票据收取与审核要求见表3-44。

表 3-44　　　罚没、赔偿支出相关票据的收取与审核要求

业务类型	业务内容	票据类型	商品及服务名称	税率/征收率	审核要点
罚没、赔偿支出	行政罚款、滞纳金	非税收入统一票据			
	违约金、赔偿金	增值税发票	*修理修配劳务或根据实际包装物确定	开票方一般纳税人13% 开票方小规模纳税人3%或1%或免税	1. 客户未退货的情况下，发票内容是由于受票方原因客户发生的维修费用。 2. 受票方未退货的情况下，发票内容是供应商收取的包装物损毁赔偿
		收据			1. 客户未退货的情况下，收据内容是由于受票方原因客户发生的商誉损失、管理成本增加。 2. 供应商未发货（未提供服务）或已全部退货的情况下，收据内容是受票方支付的取消订单赔偿

3.3　资　产　类　业　务

3.3.1　原材料

与原材料购置相关的发票收取与审核要求见表 3-45。

表 3-45　　　　　原材料相关发票的收取与审核要求

业务类型	业务内容	票据类型	商品及服务名称	税率/征收率	审核要点
原材料支出	购入原材料	增值税发票	根据实际采购的原材料确定	开票方一般纳税人13%； 开票方小规模纳税人3%或1%或免税	
	接受投资者投入原材料				
	接受捐赠材料				
	工程物资预付款	收据			
	工程物资款	增值税发票	根据实际采购的工程物资确定	开票方一般纳税人13%； 开票方小规模纳税人3%或1%或免税	

业务类型	业务内容	票据类型	商品及服务名称	税率/征收率	审核要点
原材料支出	质保金	收据			结算时全额开具发票的，支付质保金时应取得收据；结算时扣除质保金开具发票的，支付质保金应取得发票

3.3.2　在建工程

与在建工程相关的发票收取与审核要求见表 3-46。

表 3-46　　　　在建工程相关发票的收取与审核要求

业务类型	业务内容	票据类型	商品及服务名称	税率/征收率	审核要点
工程款	工程预付款	增值税普通发票	*建筑服务预收款 * 预收工程款	不征税	
	工程进度款	增值税发票	*建筑服务 * 工程服务	开票方一般纳税人 9%（一般计税）或 3%（简易计税）； 开票方小规模纳税人 3%或 1%或免税	1. 备注栏注明建筑服务发生地县（市、区）名称及工程名称。 2. 简易计税场景包括甲供材、清包工、营改增前老项目。 3. 结算时全额开具发票的，支付质保金时应取得收据；结算时扣除质保金开具发票的，支付质保金应取得发票
	工程结算款		*建筑服务 * 工程服务		
	质保金		*建筑服务 * 工程服务		
		收据			
前期费用	土地征用	非税收入统一票据			1. 非税收入统一票据非手写出具且加盖财政票据监制章。 2. 非税收入统一票据金额与缴费通知书一致
	施工场地租用费	增值税发票	*不动产经营租赁 * 施工场地租用	开票方一般纳税人 9%（一般计税）或 5%（简易计税）； 开票方小规模纳税人 5%或免税	1. 由纳税人自行开具或者税务机关代开的发票备注栏应注明不动产详细地址。 2. 简易计税场景指营改增前老项目。 3. 取得税务机关为其他个人出租不动产代开发票的备注栏应注明出租人姓名、身份证号、不动产详细地址

续表

业务类型	业务内容	票据类型	商品及服务名称	税率/征收率	审核要点
前期费用	政策性收费	非税收入统一票据收据			1. 非税收入统一票据非手写出具且加盖财政票据监制章。 2. 非税收入统一票据金额与缴费通知书一致。 3. 非政府单位或事业单位可提供收据
项目管理费	差旅费、审计费、会议费、业务招待费等	参见本章第二节"3.2.1.5 差旅费""3.2.1.14 鉴证咨询费""3.2.1.2 会议费""3.2.1.13 业务招待费"内容			
工程结算审核费	工程结算审核费	增值税发票	*其他鉴证服务 * 工程结算审核	开票方一般纳税人6%；开票方小规模纳税人3%或1%或免税	
招标费	招标费		*其他经纪代理服务 * 招标费		
工程监理费	工程监理费		*工程监理服务 * 工程监理费		
设备监造费	设备监造费		*工程监理服务 * 设备监理费		
设备检测费	设备检测费		*认证服务 * 设备检测费		
工程保险费	工程保险费		*财产保险服务 * 工程保险费		
项目可行性研究设计费	项目可行性研究设计费		*技术咨询服务 * 可行性研究费		
研究试验费	研究试验费		*技术咨询服务 * 研究试验费		
勘察设计费	勘察费		*工程勘察服务 *勘察费		
	设计费		*工程设计服务 * 设计费		

续表

业务类型	业务内容	票据类型	商品及服务名称	税率/征收率	审核要点
设计文件评审费	设计文件评审费	增值税发票	*咨询服务*评审费	开票方一般纳税人6%;开票方小规模纳税人3%或1%或免税	
文件标准编制费	预算文件编制费		*咨询服务*编制费		
	技术经济标准编制管理费				
项目后评价费	项目后评价费		*鉴证服务*评价费		
工程建设监督检测费	工程建设监督检测费		*认证服务*检测费		
生产职工培训及提前进场费	生产职工培训及提前进场费		*非学历教育服务*培训费		
家具、工具、器具及办公家具购置费	家具、工具、器具及办公家具购置费		根据实际采购的家具、工具、器具及办公家具情况确定	开票方一般纳税人13%;开票方小规模纳税人3%或1%或免税	
安装调试费	安装调试费		*安装服务*安装调试费	开票方一般纳税人9%(一般计税)或3%(简易计税);开票方小规模纳税人3%或1%或免税	依政策可选择按照甲供材适用简易计税
大件运输措施费	大件运输措施费		*修缮服务*加固费		1. 备注栏注明建筑服务发生地县(市、区)名称及工程名称。 2. 简易计税场景包括甲供材、清包工、营改增前老项目。 3. 结算时全额开具发票的,支付质保金时应取得收据;结算时扣除质保金开具发票的,支付质保金应取得发票
支付建筑、安装工程质保金	支付建筑、安装工程质保金		*建筑服务*工程服务		
		收据			

3.3.3 固定资产

与固定资产购置相关的发票收取与审核要求见表 3-47。

表 3-47 固定资产相关发票的收取与审核要求

业务类型	业务内容	票据类型	商品及服务名称	税率/征收率	审核要点
购置固定资产	购置不动产	增值税发票	*不动产*不动产名称及房屋产权证书号码	开票方一般纳税人9%（一般计税）或5%（简易计税）；开票方小规模纳税人5%	1."单位"栏填写面积单位。2. 备注栏注明不动产的详细地址。3. 简易计税场景指一般纳税人销售其2016年4月30日前取得（不含自建）的不动产，或房地产开发企业中的一般纳税人销售自行开发的房地产老项目
	购置动产（车辆）	机动车销售统一发票	根据实际采购的车辆确定	13%	企业购买自用应税车辆的，应自购买之日起60日内申报缴纳车辆购置税
	购置其他动产	增值税发票	根据实际采购的动产确定	开票方一般纳税人13%；开票方小规模纳税人3%或1%或免税	
融资租入固定资产	融资租入固定资产	增值税发票	*有形动产融资租赁服务	开票方一般纳税人13%；开票方小规模纳税人3%或1%或免税	出租方应按双方约定的付款时间开具发票
固定资产清理费用	搬运费	增值税发票	*物流辅助服务*搬运费	开票方一般纳税人6%；开票方小规模纳税人3%或1%或免税	
	评估费		*鉴证服务*评估费		
	拆除费		*其他建筑服务*拆除费	开票方一般纳税人9%（一般计税）或3%（简易计税）；开票方小规模纳税人3%或1%或免税	1. 备注栏注明建筑服务发生地县（市、区）名称及工程名称。2. 简易计税场景主要指清包工
	运输费	参见本章第二节"3.2.1.12 运输费"内容			

3.3.4　无形资产

与无形资产购置相关的发票收取与审核要求见表 3-48。

表 3-48　　　　　　　　无形资产相关发票的收取与审核要求

业务类型	业务内容	票据类型	商品及服务名称	税率/征收率	审核要点
软件产品	购入成熟软件产品	增值税发票	＊软件产品＊购入软件名称	开票方一般纳税人 13%；开票方小规模纳税人 3% 或 1% 或免税	
	获得著作权属于委托方或者双方共有的软件	增值税普通发票	＊软件开发服务＊购入软件名称	免税	受托方已向有关部门申请办理免税事项
		增值税发票		开票方一般纳税人 6%；开票方小规模纳税人 3% 或 1% 或免税	
专利、非专利技术	购入专利、非专利技术	增值税普通发票	＊无形资产＊专利技术/非专利技术	免税	受托方已向有关部门申请办理免税事项
		增值税发票		开票方一般纳税人 6%；开票方小规模纳税人 3% 或 1% 或免税	
土地使用权	购入转让方 2016 年 4 月 30 日前取得的土地使用权	增值税发票	＊无形资产＊出让土地使用权	开票方一般纳税人 5%（简易计税）；开票方小规模纳税人 3% 或 1% 或免税	1. 未来处置该土地使用权时，以取得的全部价款和价外费用减去取得该土地使用权原价后的余额为销售额进行征计。2. 备注栏应注明不动产的详细地址
	购入转让方 2016 年 5 月 1 日后取得的土地使用权			开票方一般纳税人 9%（一般计税）；开票方小规模纳税人 3% 或 1% 或免税	1. 备注栏应注明不动产的详细地址。2. 若非取得增值税专用发票，企业无法抵扣相关进项税额

4 发票系统操作说明

4.1 发 票 开 具 类

4.1.1 发票领用和分发

一、业务描述

各公司财务部门依照发票核定结果，在发票的票种核定范围（涉及发票种类、领用数量、最高开票限额）内，根据从各用票部门汇总的本公司当月购票计划或临时用票需求，向主管税务机关申领空白发票。当涉及多个开票点时，还需要在收到空白发票的电子号段和实物后，根据各开票点报送的用票计划分发空白发票。

发票领用和分发操作适用于纸质发票和纸电发票开具，不适用于数电票开具。

二、办理流程

（一）发票领用

以增值税专用发票（中文三联）为例，通过增值税发票税控开票软件线上申请专用发票。

步骤 1：登录增值税发票税控开票软件。

步骤2：在系统界面上，点击"网上申领——发票申领"。

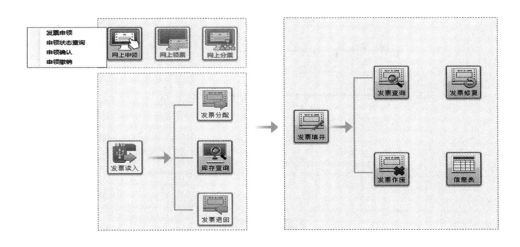

步骤3：在申领页面填写申领发票的相关信息，包括申领的发票类型、申领数量、申领人信息等。如选择快递配送，需选择相应的配送地点。信息填写完成后，点击"申领"。

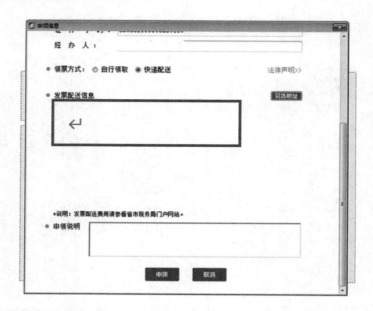

步骤4：在步骤2的系统界面上，可点击"申领状态查询"查询申领状态。如果显示"通过"，税务机关将会在当日或者次日将空白发票寄出；如果显示"申领失败"，则会注明原因（常见原因是申领份数超过可申领发票余量）。

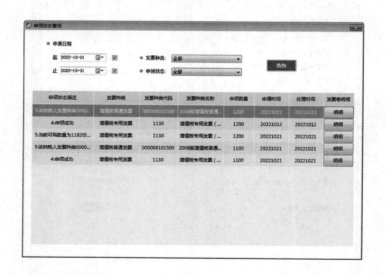

步骤5：待发票收到后在申请确认处录入申领发票号段，并点击确认，整个流程终结。

（二）发票分发

对于存在多个开票终端的用票单位，需要通过开票管理系统进行空白发票分发。

步骤1：登录开票管理系统。

步骤2：进入发票管理页面，点击"网上领票管理"，查询设定期间已购买的发票，输入对应的发票起始号码，点击下载发票。

步骤3：找到对应的专用发票点"＋"号，进入选择界面。选择要分配发票数量（如需要200份发票，发票数量填200）和对应的开票终端，点击"确认"发票分配完毕。

4.1.2　发票调拨

一、业务描述

由于业务变化、临时用票增加等原因，部分开票点可能出现空白发票短缺的问题。为应对此类特殊情况，各公司财务部门可以在开票终端之间进行空白发票的收回或调拨操作。财务部门税务管理岗在日常工作中，应持续关注开票终端的空白发票库存量，在用票量异常偏少和异常增长的开票终端之间建立调拨机制。

发票调拨操作适用于纸质发票和纸电发票开具，不适用于数电票开具。

二、办理流程

对于已向开票终端分配的空白发票，若需调拨到另一个开票终端，进行如下操作：

步骤1：登录开票管理系统。

步骤2：选择要回退空白发票的开票终端，并点击操作按钮，系统将会把所有未开具的空白发票将会退还给税控服务器。

步骤3：再次点击分配发票，系统将对未分配的空白发票重新分配。

4.1.3　发票开具

一、业务描述

销售商品、提供服务以及从事其他经营活动的单位和个人，对外发生经营业务收取款项，收款方应向付款方开具发票。特殊情况下，可由付款方向收款方开具发票。

在供电公司，发票开具通常涉及营销部门和财务部门，两者职责范围划分为：

（1）对电费业务，由营销部门开票岗依据电费发行数据自动生成待开票交易记录，在用户提出开票申请后，在营销系统中选取相应交易记录开票。

（2）对于非电业务，由业务部门人员提出开票申请，财务部门在收到并审核后，完成发票开具。

二、办理流程

（一）电费发票开具

电费发票的可选类型依用电性质确定，对非居民用电可开具增值税专用发票，对居民用电仅可开具增值税普通发票。

1. 开具增值税专用发票

（1）资料要求。

首次申请：用户在营业窗口首次申请需提供如下材料（所有资料均需要加盖公章）：①增值税一般纳税人资格证明；②营业执照；③委托书及委托人身份证；④详细开票资料（名称、纳税人识别号、地址、电话、开户行及账号）。

之后每次开具增值税专用发票均需要提供申请开票单位相关证明或者缴费凭证等佐证资料。

（2）开具流程。

步骤1：登录营销2.0系统开票管理界面→开票管理→营业厅票据服务。

步骤2：输入"用户编号"，选择应收年月起止月份，点击查询，系统筛选出该用户在该段时间内可开具的电费结算记录。

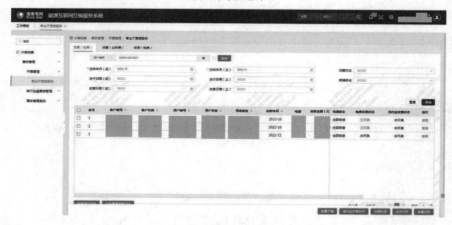

步骤3：选定需要开具的电费结算记录后点击"批量打印"。

步骤4：选择要打印的发票类型，选择发票类型"增值税专用发票"。

步骤5：在核对开具发票信息无误后，点击打印。

步骤6：若需将用户不同月份的电费信息合并开具在一张发票上，则勾选合并开票的电费发行记录，点击"合并打印"。

2. 开具增值税普通发票

（1）资料要求。居民用户首次在"网上国网"申请开具发票的，需要提供用电户号的身份证明，如不动产权证等；对线下申请开具增值税发票的，需在缴清电费后凭交费凭证、客户编号和户主身份证件复印件；如代理申请开票，还需凭户主授权委托书、经办人身份证原件到所属营业厅办理。

（2）开具流程。电费的增值税普通发票开具流程与增值税专用发票一致，差异在于步骤4选择的发票类型为"增值税纸质普通发票"或"增值税电子普通发票"。

（二）非电业务发票开具

非电业务收入包括工程施工收入、科技服务收入、资产租赁收入、材料处置收入、固定资产处置收入、业务培训收入、招标代理收入等。

1. 资料要求

首次开具发票的应按要求提供开票信息相关材料，包括：①增值税一般纳税人资格证明；②营业执照；③委托书及委托人身份证；④详细开票资料（纳税人名称、纳税人识别号、地址、电话、开户行及账号）；⑤按照公司内部管理要求，需经办部门相关岗位审核的业务材料，包括相关合同、收款凭证、申请开具发票审批单等。

2. 开具流程

步骤1：登录增值税发票税控开票软件→选择发票管理→发票填开→增值税专用发票填开。

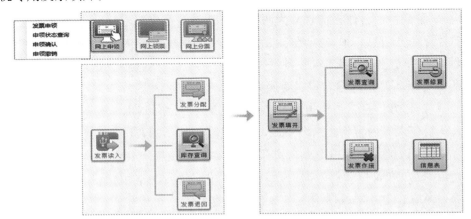

步骤2：核对发票代码和发票号码，确认税控开票软件中将要填开的发票

种类、发票代码、发票号码与装入打印机的空白发票一致。

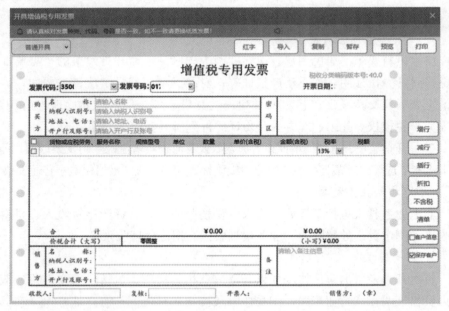

步骤3：根据业务部门提供的客户开票信息表、发票开具审批表，录入开票信息。包括：

1）购买方信息：在购买方栏内输入购买方信息，包括购买方名称、纳税人识别号、地址、电话、开户行及账号信息。

2）商品信息：点击"货物或应税劳务、服务名称"进入商品编码选择界面，选择相应商品名称，填入规格型号、单位、数量、金额等信息。

3）备注栏：备注栏信息分为两类，一类是应客户要求填写，如合同编号、订单号等业务信息；另一类是按照法规要求必须填写的内容，如建筑服务类，发票备注栏信息应注明建筑服务发生地县（市、区）名称及项目名称，具体可参见《附录C 开票内容与税率对照简表》。

4）销售方信息：销售方信息、发票号码、开票日期、密码、备注栏、开票人、复核人等内容将由系统生成，无需开票人员手工填写。

步骤4：核对无误后，点击暂存。

步骤5：在发票查询界面，查询到开具的发票后，点击发票上传，再打印发票，完成整个开票流程。

（三）数电票开具

此处仅介绍供电公司通过电子发票服务平台开具数电票的流程，不涉及通过"乐企"❶接口开具数电票的场景。

1. 逐份开具

步骤 1：登录电子税务局，【我要办税】——【发票使用】——【发票开具】——【蓝字发票开具】。

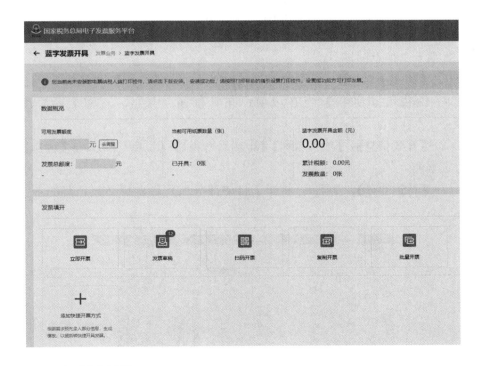

---

❶ 乐企（Natural System），是指国家税务总局向符合条件的企业，通过税务系统与企业自有信息系统直连的方式，提供规则开放、标准统一的全面数字化的电子发票等涉税服务的平台。

步骤2：选择【立即开票】——【电子发票】，选择开票类型【增值税专用发票/普通发票】，并根据需要确定是否选择【特定业务】。

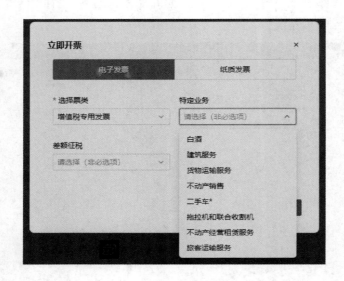

发票开具信息的填写：

（1）【购买方信息】：开具增值税专用发票的，【名称】和【统一社会信用代码/纳税人识别号】为必填项；开具普通发票的，仅【名称】为必填项。

（2）【开票信息】：【项目名称】【金额（含税）】【税率/征收率】【税额】四项为必填项。

（3）【特定业务】（如需）：相当于目前部分纸质版发票必须填写的备注栏内容。

步骤3：信息填写完毕后，确认无误，选择【发票开具】即可。开票人员可下载已开具发票的 PDF、OFD 和 XML 等不同格式文件。

2. 批量开具

步骤1：登录电子税务局，进入批量开具模块，相关路径：我要办税——开票业务 ——蓝字发票开具 ——批量开具。

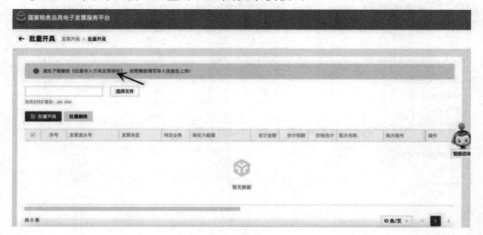

步骤 2：点击下载《批量导入开具发票模板》。

步骤 3：按照模板填写发票导入信息。

步骤 4：上传数据文件。

步骤 5：导入成功，可点击"预览发票"查看发票样式。

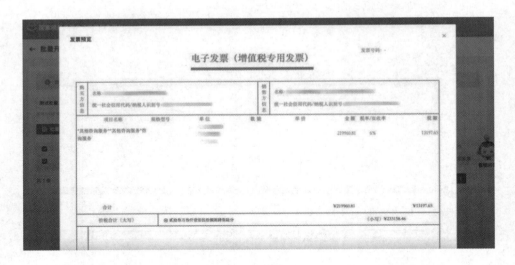

步骤 6：点击"批量开具"，开具发票。

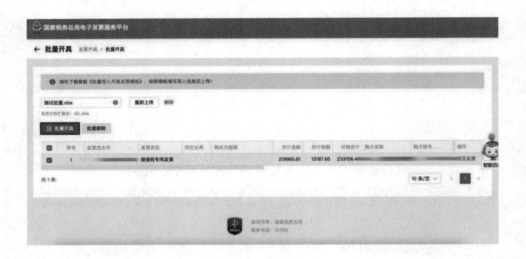

4.1.4 发票作废

一、业务描述

在增值税发票开具当月，如果发生销货退回、开票有误等情形，在收到退回的发票联、抵扣联的情况下，可对已开具发票进行作废操作；在开具时发现开票有误的，可当场作废。

发票作废操作适用于纸质发票开具，不适用于纸电发票和数电票开具。

186

二、办理流程

以增值税专用发票作废为例，开票岗在作废前需将已开具发票的各联次收齐。

步骤1：登录营销2.0系统开票管理界面→开票管理→营业厅票据服务。

步骤2：输入"用户编号"，选择应收年月起止月份，点击查询，系统筛选出该用户在该段时间内所有电费结算记录、发票状态等信息。

步骤3：对于需要作废重新开具的发票，点击"查看"。

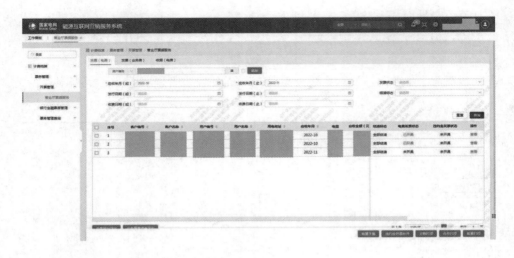

步骤 4：确认无误后，点击"作废"。

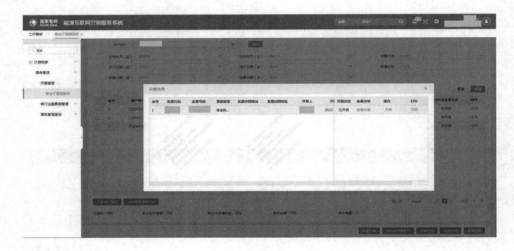

三、注意事项

（1）发票作废条件是指同时具备下列情形：

1）收到退回的发票联、抵扣联时间未超过销售方开票当月。

2）销售方未抄税并且未记账。

3）购买方未认证或者认证结果为"纳税识别号认证不符""专用发票代码、号码认证不符"。

（2）作废发票需在纸质发票各联次上注明"作废"字样，全联次留存。

（3）增值税普通发票的作废流程同增值税专用发票。

（4）纸电发票和数电票因其具有可复制性，无法回收的特点，不能作废，只能开具红字发票。

4.1.5 发票冲红

一、业务描述

在开具增值税发票后，发生销货退回、开票有误、应税服务中止以及发票抵扣联、发票联均无法认证等情形但不符合作废条件，或者因销货部分退回及发生销售折让，需要开具红字增值税发票。

红字增值税发票包括红字增值税专用发票和红字增值税普通发票。其中，开具红字增值税专用发票需事先取得税务机关系统校验通过的《红字信息表》。

二、办理流程

（一）增值税专用发票冲红

进行增值税专用发票冲红前，需先生成《红字信息表》。

1. 销售方填开

由销售方填开《红字信息表》的情形包括以下两种：

（1）销售方开具的增值税专用发票尚未交付购买方。

（2）购买方收到增值税专用发票未用于申报抵扣且将发票联及抵扣联退回。

步骤1：进入开票系统→选择"发票管理"→点击左上角"红字增值税专用发票信息表"→"红字增值税专用发票信息表填开"→选择"销售方申请"→输入发票代码、号码并点击"下一步"→确认信息后点击"打印"→选择"不打印"并保存。

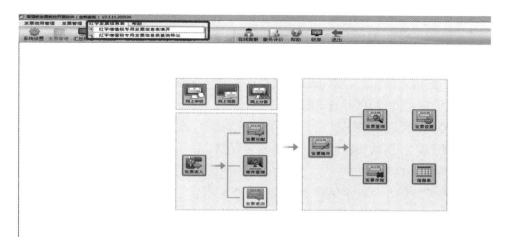

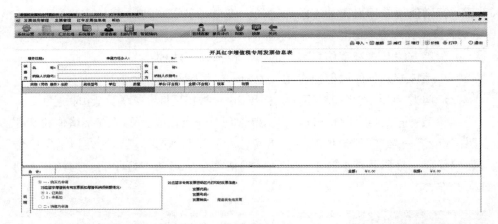

步骤2：点击"红字发票信息表"，单击"红字增值税专用发票信息表查询导出"，选择对应《红字信息表》（显示未上传），点击上方"上传"，待信息表描述为"审核通过"后，双击进入发票信息表，获取红字信息表编号（16位数字），点击右上方"打印"按钮。

步骤3：《红字信息表》生成后，销售方按照《红字信息表》开具红字增值税专用发票，并从购买方取回对应的蓝字发票。

2.购买方填开

由购买方填开《红字信息表》包括以下情形：

（1）购买方取得增值税专用发票已用于申报抵扣。

（2）购买方取得增值税专用发票未用于申报抵扣，但发票联或抵扣联无法退回的。

　　购买方在系统中填开并上传《红字信息表》，如增值税专用发票已申报抵扣，在填开信息表时不填写相应的蓝字专用发票信息；未申报抵扣的，在填开信息表时应填写相应的蓝字专用发票信息。购买方需将生成的《红字信息表》交予销售方，以便其开具红字发票。

　　（二）增值税普通发票冲红

　　步骤1：登录营销2.0系统开票管理界面→开票管理→营业厅票据服务。

　　在发票（电费）页面，输入用户编号，应收年月起止时间，点击"查询"。系统显示该户号已开具发票记录。

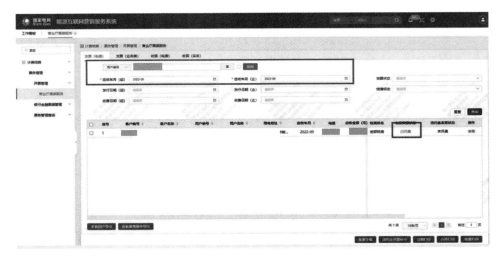

步骤2：点击"已开具"后，可以打开新页面，查看该客户已开具的发票。选中需要冲红的发票，点击"冲红"。

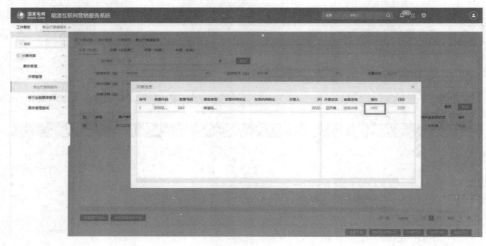

（三）数电票冲红

开具数电票后，受票方未做用途确认及入账确认的，开票方在电子发票服务平台填开《红字确认单》后，全额开具红字数电票，无需受票方确认。

步骤1：登录电子税务局，【我要办税】——【开票业务】——【红字发票开具】。

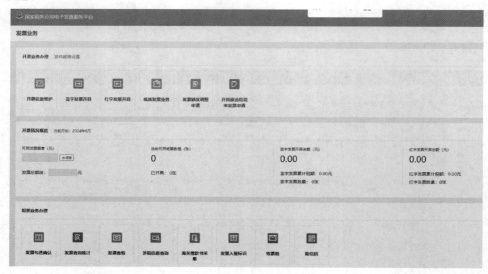

步骤2：选择【红字发票确认信息录入】，录入相对应的蓝字发票信息后，点击【查询】。

步骤3：在页面点击【选择】，将选中的蓝字发票信息自动带入到页面并提交。

4.2 发 票 收 取 类

4.2.1 发票查验

一、业务描述

供电公司受票人员和审核人员可通过"全国增值税发票查验平台"或"电子发票服务平台"对发票进行查验操作。发票查验操作所适用的系统/平台根据企业所在地省级税务机关通知而定。

发票查验方式分为单张查验和批量查验。通常情况下，申请人可在提交查验请求后立即获取结果。

发票查验结果包括：

（1）发票状态为正常。纳税人输入的发票校验信息与税务机关电子信息一致，且发票处于正常状态。

（2）发票状态为作废。纳税人输入的发票校验信息与税务机关掌握的电子信息一致，但发票已被发票开具方做作废处理，此发票不可作为财务报销凭证。

（3）不一致。纳税人输入的发票信息与税务机关掌握的电子信息至少有一项不一致，如确认输入的查验项目与票面一致，需与开票方或开票方主管税务机关联系核实。

（4）查无此票。由于存在开具方离线自开票、发票电子数据同步滞后、查验人录入错误等情况，导致相关发票在税务机关掌握的电子信息中无法检索到。如果确认输入项无误后，可在第二天再行查验。

（5）验证码失败。图片验证码过期或失效，查验人可点击验证码图片重新获取验证码后再次查验。

（6）验证码答案输入错误。图片验证码的问题答案录入错误，修正输入项目后重新查验或点击验证码图片获取新的验证码后可继续校验。

（7）验证码请求失败。可能是因为未正确安装根证书、网络不稳定、使用的浏览器不是谷歌或火狐。

（8）查验失败。主要是存在查询请求非法、请求处理超时、该发票超过系统限定的单日查验次数（5次）、提交的查验请求过于频繁等问题或存在网络、系统故障等原因。

二、办理流程

1. 通过全国增值税发票查验平台查验发票

（1）在全国增值税发票查验平台中，可查验所有增值税发票，包括：①纸质专票和纸电专票；②纸质普票和纸电普票（含通行费发票、卷式发票）；③数电发票；④机动车销售统一发票；⑤二手车销售统一发票；⑥铁路电子客票；⑦航空运输电子客票行程单。

（2）在全国增值税发票查验平台可以查验的时间范围：①最近5年内增值税发票管理系统开具的发票；②含当日开具的发票。每天每张发票可在线查询次数为5次，超过次数后可在次日再进行查验操作。

步骤1：平台登录，建议用户使用IE9.0以上版本的微软IE浏览器、50.1版本的火狐Firefox浏览器、55.0版本的谷歌Chrome浏览器，登录网址：https：//inv-veri.chinatax.gov.cn/，在登录前需要先安装根证书。

步骤 2：查验信息输入。

查验方式 1：录入查验，用户依据取得的纸质发票或电子发票，需在页面中根据要求输入相关查验项目信息后，点击查验按钮获取查验结果。

| 扫描 | 导入 |

发票代码： 051001█

*发票号码： 8572█

*开票日期： 20211104

*校验码： 4499█

*验证码： 工　　　　　　　　　请输入验证码图片中蓝色文字

点击图片刷新

| 查验 | 重置 |

查验方式 2：扫描查验，用户点击页面中"扫描"按钮，在点击弹出窗口"确定"按钮后，使用已连入计算机的扫描枪对发票上的二维码进行扫描，页面将带出该发票的对应信息，点击"查验"按钮可获取查验结果。

查验方式 3：导入查验，点击页面的"导入"按钮，在上传文件（支持的格式为 PDF、OFD）并导入成功后，系统将回到首页面并带出发票的对应信息。

根据用户查验的发票种类，所需要输入的校验项目也不尽相同，其中：

（1）纸质专票、纸电专票：发票代码、发票号码、开票日期和开具金额（不含税）。

（2）机动车销售统一发票：发票代码、发票号码、开票日期和不含税价。

（3）二手车销售统一发票：发票代码、发票号码、开票日期和车价合计。

（4）纸质普票和纸电普票（含通行费发票、卷式发票）：发票代码、发票号码、开票日期和校验码后 6 位。

（5）数电发票：发票号码、开票日期、价税合计。

（6）铁路电子客票：发票号码、开票日期和票价。

（7）航空运输电子客票行程单：发票号码、开票日期、开票金额（价税合计）。

2. 通过电子发票服务平台查验发票

步骤 1：登录进入税务数字账户，用户登录所在省市电子税务局，在功能菜单中点击【我要办税】—【税务数字账户】进入操作页面。

步骤 2：进入【发票查验】查验发票。

查验方式 1：【单张查验】模式。

（1）用户可通过上传发票文件进行查验，即点击"选择文件"，支持 PDF、OFD、XML 和含有发票二维码的图片。

（2）用户可输入发票信息进行查验，即选择"发票来源"后，录入"全电发票（数电发票）号码"或"发票代码""发票号码"等信息。

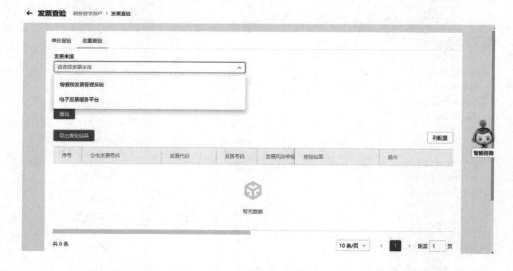

查验方式 2：【批量查验】模式。

（1）用户选择"发票来源"。

（2）根据发票来源选择下载"增值税发票管理系统发票批量查验模板"或"电子发票服务平台发票批量查验模板"。

（3）在批量查验模板中填写发票信息时，单次查验上限 500 条。

步骤 3：进入【发票查验】查验发票。

（1）用户点击"查验"按钮，查询结果区将自动显示发票信息和查验结果。

（2）用户点击"查看用途标签"，可查看"增值税勾选属期""增值税用途标签""发票入账状态"等信息。

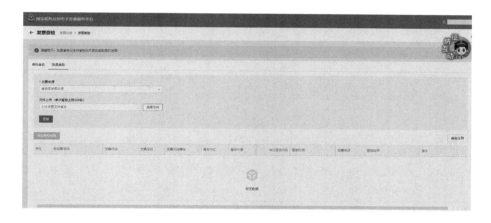

4.2.2　发票勾选确认

一、业务描述

该业务指供电公司税务人员基于按税款所属期的查询结果，以逐票勾选（也可同时勾选多份发票）的操作方式，实现对用于申报抵扣的增值税进项发票（包括增值税专用发票、机动车销售统一发票、通行费发票）和海关缴款书的确定。

二、办理流程

1. 通过全国增值税发票查验平台勾选发票

步骤1：查询可勾选发票，用户输入查询条件，对勾选状态选择"未勾选"，然后点击"查询"按钮，系统将在勾选操作区显示符合查询条件的发票。管理状态为"疑点发票"的发票显示黄色，企业勾选该类发票时系统将进行相应提示，用户请谨慎勾选；管理状态为"非正常"的发票显示红色，系统不允许勾选。

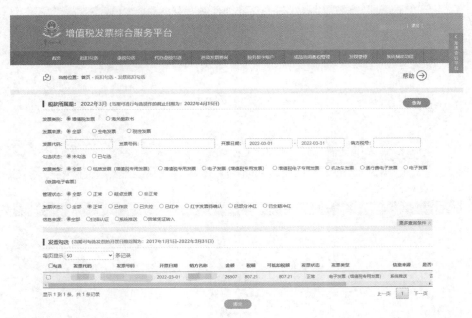

步骤2：勾选待抵扣发票，用户确认本次需要勾选的发票已全部勾选完成后，点击"提交"按钮，系统弹出勾选认证信息对话框。

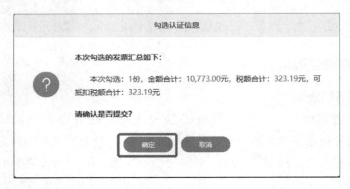

步骤3：提交选待抵扣发票，用户审核无误后点击"确定"按钮，系统将对本次勾选的操作进行保存处理。

步骤4：勾选统计申请，用户先后点击"抵扣勾选""抵扣勾选统计"按钮，页面弹出已申请报表统计结果；用户审核无误后确认该结果，随后系统会要求用户输入先前设置的密码，然后完成整个发票勾选确认流程。

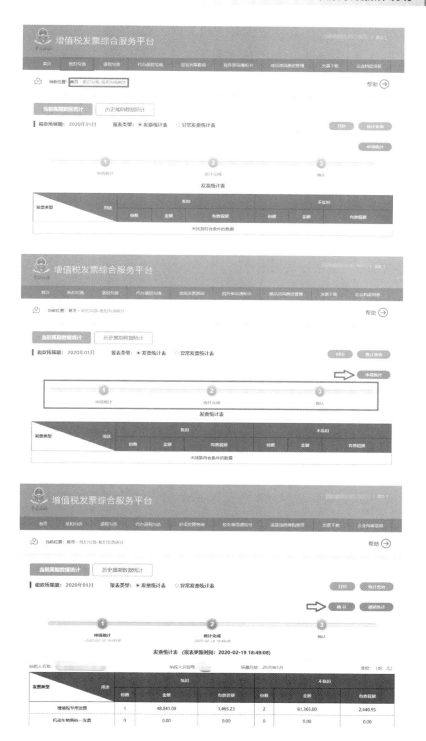

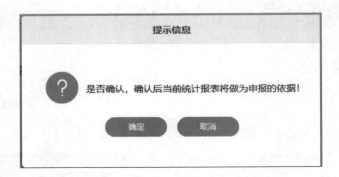

完成统计后，用户如需继续勾选，可点击"撤销统计"按钮，撤销成功后系统将自动解锁当期抵扣勾选操作。

2. 通过电子发票服务平台勾选作为进项凭证的发票

步骤1：登录进入税务数字账户，用户登录所在省市电子税务局，经功能菜单【我要办税】—【税务数字账户】进入操作页面。

步骤 2：进入"抵扣勾选"页签，用户点击【发票勾选确认】功能，核对"当前税款所属期"，确认无误后点击【抵扣类勾选】功能，用户可点击"申报信息刷新"获取最新申报状态。

步骤3：查询可勾选发票，用户在"抵扣勾选"页签，选择勾选状态并输入其他查询条件，然后点击"查询"按钮，系统在勾选操作区将显示符合查询条件的发票。

步骤4：勾选可抵扣发票。

（1）勾选方式1：单张勾选。用户选择要勾选的发票记录，点击【提交勾选】按钮，系统提示"本次勾选发票×份，税额合计×，是否确认提交"，确认无误后，点击【确认】按钮，完成勾选操作；

（2）勾选方式2：清单导入勾选。如勾选发票数量较多，用户可点击【下载模板】按钮，将模板文件下载到电脑本地，再将填写好的模板表格通过"清单导入勾选"按钮进行文件导入。

步骤5：申请统计，用户完成当期发票勾选后，进入【统计确认】页签，点击"申请统计"按钮进行统计，界面将显示当期"抵扣类勾选统计结果""增值税申报进项抵扣汇总"。

步骤6：统计确认，如确认无误，用户点击"统计确认"按钮，系统将锁定当期抵扣勾选操作；如统计结果有误，可点击【撤销统计】后回到勾选界面重新进行勾选操作。

统计确认后，如需修改勾选数据，用户在当期增值税申报前，依次点击"撤销确认""撤销统计"后回到勾选界面重新进行勾选操作。

5　常见用票案例

5.1　发票开具类

5.1.1　企业开具原适用税率发票如何处理

问：因业务需要，某供电公司需要按原适用税率开具发票，公司税务人员应当如何操作？

答：《国家税务总局关于国内旅客运输服务进项税抵扣等增值税征管问题的公告》（国家税务总局公告 2019 年第 31 号）规定：纳税人需要开具 17％、16％、11％、10％ 等税率蓝字发票的，应向主管税务机关提交《开具原适用税率发票承诺书》，办理临时开票权限；临时开票权限有效期限为 24 小时，纳税人应在获取临时开票权限的规定期限内开具原适用税率发票。纳税人办理临时开票权限，应保留交易合同、红字发票、收讫款项证明等相关材料，以备查验。

在实务中，该供电公司税务人员可通过电子税务局"我要办税——发票使用——开具原适用税率发票授权"，选择开具原适用税率发票的原因和经办人，并提交相关申请。

此外，如果供电公司在以前期间已计提"待转销项税额"，当增值税税率发生变动时，需对"应交税费—待转销项税额"还原并重新计提。

5.1.2　在一张增值税普通发票上能否同时开具征税项目和免税项目

问：某供电公司发生一项经济业务，客户为增值税小规模纳税人，按照税法规定，该经济业务下取得的部分收入可适用增值税免税政策。在实际开票时，该公司可以在一张增值税普通发票上同时开具免税项目和征税项目吗？

答：《发票管理办法》第二十二条规定：开具发票应当按照规定的时限、顺序，逐栏、全部联次一次性如实开具，并加盖单位发票专用章。

对于增值税普通发票，以往受限于增值税税控系统开票功能，不同税率的项目无法在一张发票上同时开具，但随着系统升级完善，目前增值税税控系统已支持在同一张普通发票上开具不同税率（含免税、不征税）的项目。

对于增值税专用发票，根据《增值税暂行条例》第二十一条和《营业税改征增值税试点实施办法》第五十三条的规定，适用免征增值税规定的应税行为不得开具增值税专用发票。

5.1.3 赔偿金如何开具增值税发票

问：某供电公司采购一批配电柜，后因该配电柜质量问题，导致该供电公司辖区内电网运行发生事故。经供电公司与该生产厂家协商，该厂家同意向供电公司赔偿一笔费用。请问供电公司需要向生产厂家开具发票吗？

答：《增值税暂行条例实施细则》第十二条规定：价外费用包括价外向购买方收取的手续费、补贴、基金、集资费、返还利润、奖励费、违约金、滞纳金、延期付款利息、赔偿金、代收款项、代垫款项、包装费、包装物租金、储备费、优质费、运输装卸费及其他各种性质的价外收费。

对于收取赔偿金是否应开具增值税发票，需要判断赔偿金是否属于增值税征税范围，即赔偿金是否与商品销售有关。

（1）因发生质量问题、未按约定提供服务等情形导致货物退回或折扣折让的，属于增值税应税范围，应按规定开具红字增值税发票。

（2）因发生成品报废、交货延迟、商誉损失、管理成本增加等情形而产生经济或非经济损失、由供应商承担的赔偿责任的，不属于增值税征税范围，可以开具收据。

（3）因发生质量问题、未按约定提供服务等情形导致其他货物和劳务耗费的，属于增值税应税范围，应按规定开具增值税发票。

（4）因本应退还的包装物毁损导致押金无法退还或支付赔偿费的，属于增值税应税范围，应按规定开具增值税发票。

因此，在本案例中供电公司在向该供应商索取赔偿时，应先确认索取赔偿的事由，并在赔偿协议中载明。在不同场景下与赔偿金相关的供电公司涉票行为见表 5-1。

表 5-1　　　　　不同场景下与赔偿金相关的供电公司涉票行为规则

赔偿金支付情况	客户（供应商）行为	业务举例	供电公司涉票行为	备注
供应商向供电公司支付赔偿金	供电公司未退货	电网运行事故（无劳务和货物耗费在补救过程中发生）、商誉损失、管理成本增加	开具自制收据	商业罚款
	供电公司未退货	电网运行事故（劳务和货物耗费在补救过程中发生）	开具增值税发票	维修成本、质保费用
	供电公司未退货	质量问题	收取红字增值税发票	价格折让
	供电公司退货	质量问题	收取红字增值税发票	销货退回
供应商从供电公司收取赔偿金	供电公司未收货	取消订单	收取供应商自制收据	
	供电公司全部退货	取消订单	收取供应商自制收据	
	供电公司未退货	因包装物损毁，无法退还的包装物押金或支付的毁损赔偿	收取增值税发票	

5.1.4　销售旧车应如何开具发票

问： 因无法满足业务要求，某供电公司计划将本单位一辆使用多年的皮卡车出售。请问出售该皮卡车应如何开具发票？

答：《财政部 国家税务总局关于全国实施增值税转型改革若干问题的通知》（财税〔2008〕170 号）《财政部 国家税务总局关于部分货物适用增值税低税率和简易办法征收增值税政策的通知》（财税〔2009〕9 号）及《财政部 国家税务总局关于简并增值税征收率政策的通知》（财税〔2014〕57 号）规定，纳税人销售自己使用过的 2008 年 12 月 31 日以前购进或者自制、未抵扣进项税额的固定资产，按照简易办法减按 2% 征收增值税，开具增值税普通发票。一般纳税人也可以放弃该优惠政策，依照 3% 征收率计征并开具增值税专用发票。

5.1.5　汇总发票如何开具

问： 某供电公司处置一批废旧物资，在开票时只是在票面上体现"废旧物资一批"。请问该公司开具的发票是否合规？

答：《国家税务总局关于修订〈增值税专用发票使用规定〉的通知》（国税发〔2006〕156 号）第十二条规定：一般纳税人销售货物或者提供应税劳务可

汇总开具专用发票。汇总开具专用发票的，同时使用税控系统开具《销售货物或者提供应税劳务清单》，并加盖发票专用章。

因此，当处置废旧物资较多且开具增值税专用发票时，需在"商品及服务名称"栏次注明"详见销货清单"并通过税控系统开具销售清单。

5.1.6　分包给内部单位的项目如何开具发票

问：某电力工程企业作为承包方与发包方签订合同，但在实施中内部授权给下属施工企业并签订合同，请问发票应由谁开具？

答：《国家税务总局关于进一步明确营改增有关征管问题的公告》（国家税务总局公告 2017 年第 11 号）第二条规定：建筑企业与发包方签订建筑合同后，以内部授权或者三方协议等形式，授权集团内其他纳税人（以下称第三方）为发包方提供建筑服务，并由第三方直接与发包方结算工程款的，由第三方缴纳增值税并向发包方开具增值税发票，与发包方签订建筑合同的建筑企业不缴纳增值税。发包方可凭实际提供建筑服务的纳税人开具的增值税专用发票抵扣税额。

"集团内其他纳税人"可参考《国家市场监督管理总局关于做好取消企业集团核准登记等 4 项行政许可等事项衔接工作的通知》（国市监企注〔2018〕139 号）规定，企业集团成员以国家企业信用信息公示系统向社会公示信息为准。

因此，如果该电力工程企业是将建筑工程授权给符合上述规定的其他单位，增值税发票可由实际承担施工的企业直接向发包方开具。同时，实际承担施工的企业作为集团成员，相关信息可通过国家企业信用信息公示系统查询获取。

5.1.7　从事输电线路维护业务如何开具发票

问：某电力工程公司向供电公司提供输电线路维护服务，请问该电力工程公司应按照什么税目开具增值税发票？

答：若提供的维护服务为受托对损伤和丧失功能的输电线路进行修复，根据《增值税暂行条例实施细则》第二条的规定，修理修配是指受托对损伤和丧失功能的货物进行修复，使其恢复原状和功能的业务。因此，电力工程公司对该部分劳务应按 13% 税率开具增值税发票。

若提供的维护服务为保养输电线路，企业可参照《国家税务总局关于明确中外合作办学等若干增值税征管问题的公告》（国家税务总局公告 2018 年第 42 号）第六条规定执行，即纳税人对安装运行后的机器设备提供的维护保养服务，按照其他现代服务缴纳增值税。因此，对该部分服务应按 6% 税率开具增值税发票。

5.1.8 收到退回投标保证金利息应如何开具发票

问：某供电公司收到对外支付的投标保证金的本金及退回利息，请问该公司是否需要为对方支付的利息开具发票？

答：《营业税改征增值税试点实施办法》所附《销售服务、无形资产、不动产注释》第一条第（五）项第 1 点规定，贷款是指将资金贷与他人使用而取得利息收入的业务活动。

投标保证金收取方支付给供电公司的利息相当于资金占用费，应计征增值税，税率为 6%。由于贷款服务不能抵扣，供电公司可开具增值税普通发票。

5.1.9 向未付款用电户按实际发行电量开具发票是否构成虚开增值税发票行为

问：对有预存电费余额的客户，当实际结算电费超过预存电费时，供电公司按照实际发行电量开具发票，是否构成虚开增值税发票行为？

答：不存在该类风险。

《发票管理办法》第二十条规定：销售商品、提供服务以及从事其他经营活动的单位和个人，对外发生经营业务收取款项，收款方应向付款方开具发票。

根据《国家税务总局关于纳税人对外开具增值税专用发票有关问题的公告》（国家税务总局公告 2014 年第 39 号）的规定，对外开具增值税专用发票同时符合以下情形的，不属于对外虚开增值税专用发票：

（1）纳税人向受票方纳税人销售了货物，或者提供了增值税应税劳务、应税服务。

（2）纳税人向受票方纳税人收取了所销售货物、所提供应税劳务或者应税服务的款项，或者取得了索取销售款项的凭据。

（3）纳税人按规定向受票方纳税人开具的增值税专用发票相关内容，与所销售货物、所提供应税劳务或者应税服务相符，且该增值税专用发票是纳税人合法取得、并以自己名义开具的。

因此，发票开具时销售方尚未完成收款不符合虚开增值税发票的特征。在实务中，供电公司可与用电户约定在结清电费后，方可申请开具销售电力产品增值税发票。

5.1.10　取得政府财政补贴如何开票

问：某供电公司收到当地有关部门发放的招用高校毕业生社保补贴，该部门要求供电公司开具发票，请问供电公司如何开票？

答：《国家税务总局关于取消增值税扣税凭证认证确认期限等增值税征管问题的公告》（国家税务总局公告 2019 年第 45 号）第七条规定：纳税人取得的财政补贴收入，与其销售货物、劳务、服务、无形资产、不动产的收入或者数量直接挂钩的，应按规定计算缴纳增值税。纳税人取得的其他情形的财政补贴收入，不属于增值税应税收入，不征收增值税。

供电公司取得的招用高校毕业生社保补贴与企业经营收入无关联，不属于增值税应税收入。若补贴发放部门要求补贴取得单位开具收款凭据，供电公司可选择开具税收分类编码为"615 与销售行为不挂钩的财政补贴收入"的增值税普通发票。

5.1.11　作废发票未按要求加盖作废章后续如何操作

问：在一次内部检查审计，审计人员发现某供电公司作废的增值税专用发票上并未加盖作废章。发票开具人员解释该发票已在税控系统中作废，日常工作中并不会再拿来使用。请问该说法是否正确？

答：《国家税务总局关于修订〈增值税专用发票使用规定〉的通知》（国税发〔2006〕156 号）第十三条规定：一般纳税人在开具专用发票当月，发生销货退回、开票有误等情形，收到退回的发票联、抵扣联符合作废条件的，按作废处理；开具时发现有误的，可即时作废。

作废专用发票须在防伪税控系统中将相应数据电文按"作废"处理，在纸质专用发票（含未打印的专用发票）各联次上注明"作废"字样，全联次留存。

因此，供电公司相关人员的解释不正确。已作废发票必须按照规定加盖作废章，并统一收缴归档。

5.1.12　开具小于红字信息表所载金额的红字发票是否合规

问：某供电公司购入一批货物后发现该货物不符合公司质量要求予以退货，由于该批货物对应的增值税进项税额已在以前期间认证抵扣，公司要求供应商开具红字发票。财务人员按规定填开了《红字信息表》，但随后采购部门告知经过协商确认为部分退货。请问是否可以按小于《红字信息表》所载金额开红字发票？

答：不可以，财务人员应作废原《红字信息表》，并按协商结果重新填开《红字信息表》。

根据《国家税务总局关于红字增值税发票开具有关问题的公告》（国家税务总局公告 2016 年第 47 号）第一条第（三）款规定，销售方凭税务机关系统校验通过的红字信息表开具红字专用发票，在新系统中以销项负数开具。红字专用发票应与红字信息表一对应。

5.1.13　空白发票、已开具发票和已收取发票应如何保管

问：在内部审计中，审计人员发现某供电公司营销服务中心内没有配备存放发票的保险箱或储藏柜。请问这种行为可能造成什么后果？

答：《发票管理办法》第二十九条规定：开具发票的单位和个人应当按照税务机关的规定存放和保管发票，不得擅自损毁；已经开具的发票存根联和发票登记簿，应当保存 5 年；保存期满，报经税务机关查验后销毁。

《国家税务总局关于修订〈增值税专用发票使用规定〉的通知》（国税发〔2006〕156 号）第八条规定：一般纳税人存在"未按规定保管专用发票和专用设备行为"并经税务机关责令限期改正而仍未改正的，企业不得领购开具专用发票；如已领购，主管税务机关应暂扣其结存的专用发票和 IC 卡。

上文所称"未按规定保管专用发票和专用设备"具体包括以下情形：

（1）未设专人保管专用发票和专用设备。

（2）未按税务机关要求存放专用发票和专用设备。

（3）未将认证相符的专用发票抵扣联、《认证结果通知书》和《认证结果清单》装订成册。

（4）未经税务机关查验，擅自销毁专用发票基本联次。

因此，公司应当妥善保管各类发票，否则将有可能面临税务机关的处罚。

5.2　发 票 收 取 类

5.2.1　租入配操作人员的工程机械如何获取增值税进项抵扣凭证

问：某供电所临时需要完成一项高空作业，从电力施工企业租了一台高空

作业车，由于没有专业操作人员，双方约定由供电所和电力施工企业共同派出操作人员。请问作业完成后，供电公司应取得何种税率和税目的发票？

答：根据《财政部 国家税务总局关于明确金融、房地产开发、教育辅助服务等增值税政策的通知》（财税〔2016〕140号）第十六条规定：纳税人将建筑施工设备出租给他人使用并配备操作人员的，按照"建筑服务"缴纳增值税。

因此，该电力施工企业应当向供电公司开具发票内容为"建筑服务"、税率为9％的增值税发票。此外，供电公司在收到发票后，应检查备注栏内容是否注明建筑服务发生地所在县（市、区）和项目名称。

需要说明的是，由于问题所述场景不涉及甲供材、清包工、营改增前老项目，故不能根据《营业税改征增值税试点有关事项的规定》提及的简易计税方法开具征收率为3％的增值税专用发票，以抵扣税额。

5.2.2　购入加油卡并消费后如何获取增值税进项抵扣凭证

问：某供电公司在加油站购入加油卡后消费，是否能够如单用途商业预付卡获取发票并抵扣增值税销项税额？

答：《国家税务总局关于营改增试点若干征管问题的公告》（国家税务总局公告2016年第53号）规定：单用途卡指发卡企业按照国家有关规定发行的，仅限于在本企业、本企业所属集团或者同一品牌特许经营体系内兑付货物或者服务的预付凭证；售卡方可按照本公告第九条的规定，向购卡人、充值人开具增值税普通发票（税收分类编码601，商品服务名称"预付卡销售和充值"，税率栏"不征税"），不得开具增值税专用发票；在持卡人使用单用途卡购买货物或服务时，货物或者服务的销售方应按照现行规定缴纳增值税，且不得向持卡人开具增值税发票。

根据《成品油零售加油站增值税征收管理办法》（国家税务总局令第2号）第十二条规定：发售加油卡、加油凭证销售成品油的纳税人（简称预售单位）在售卖加油卡、加油凭证时，应按预收账款方法作相关账务处理，不征收增值税；预售单位在发售加油卡或加油凭证时可开具普通发票，如购油单位要求开具增值税专用发票，待用户凭卡或加油凭证加油后，根据加油卡或加油凭证回笼纪录，向购油单位开具增值税专用发票。

综上所述，尽管加油卡有着与单用途卡相近的使用场景，但两者开票规范存在明显差异。对于加油卡，公司在充值时取得的增值税普通发票不得抵扣，只能在凭卡加油后根据加油卡或加油凭证回笼纪录要求预售单位开具增值税专用发票作为进项抵扣凭证；对于单用途卡，购卡人、充值人只能取得增值税普通发票作为入账凭证，并在消费后无法取得增值税专用发票。

5.2.3 企业员工出差收到的增值税电子普通发票如何抵扣增值税

问：某电力集团有限公司员工出差，取得国内旅客运输服务增值税电子普通发票，购买方名称和纳税人识别号是员工所在单位，是否需要在备注栏标注出差人员姓名，如果没有标注的话，是否可以作为增值税进项抵扣凭证？

答：《财政部 税务总局 海关总署关于深化增值税改革有关政策的公告》（财政部 税务总局 海关总署公告 2019 年第 39 号）第六条规定：纳税人购进国内旅客运输服务，其进项税额允许从销项税额中抵扣。纳税人如取得增值税电子普通发票的，为发票上注明的税额。

《国家税务总局关于国内旅客运输服务进项税抵扣等增值税征管问题的公告》（国家税务总局公告 2019 年第 31 号）规定，纳税人购进国内旅客运输服务，以取得的增值税电子普通发票上注明的税额为进项税额的，增值税电子普通发票上注明的购买方"名称""纳税人识别号"等信息，应当与实际抵扣税款的纳税人一致，否则不予抵扣。

因此，增值税电子普通发票上注明的购买方"名称""纳税人识别号"等信息应与企业一致，如果取得增值税电子普通发票的，按发票上注明的税额抵扣，没有强制要求在备注栏填列出差人员姓名。

5.2.4 企业员工出差发生的超重行李费是否能够抵扣增值税

问：某供电公司员工出差乘坐飞机，支付行李超重费并取得内容为"＊运输服务＊超重行李费"的增值税电子普通发票。请问这张发票是否可作为进项税额抵扣凭证？

答：《营业税改征增值税试点实施办法》第二十六条规定：纳税人取得的增值税扣税凭证不符合法律、行政法规或者国家税务总局有关规定的，其进项税额不得从销项税额中抵扣；增值税扣税凭证，是指增值税专用发票、海关进口增值税专用缴款书、农产品收购发票、农产品销售发票和完税凭证。

《财政部 税务总局 海关总署关于深化增值税改革有关政策的公告》（财政部 税务总局 海关总署公告 2019 年第 39 号）第六条规定：纳税人购进国内旅客运输服务，其进项税额允许从销项税额中抵扣。

（一）纳税人未取得增值税专用发票的，暂按照以下规定确定进项税额：

1. 取得增值税电子普通发票的，为发票上注明的税额。

2. 取得注明旅客身份信息的航空运输电子客票行程单的，为按照下列公式计算进项税额。

航空旅客运输进项税额 ＝（票价 ＋ 燃油附加费）÷（1 ＋ 9％）× 9％。

……

超重行李费不属于国内旅客运输服务范围，实为提供货物运输服务，取得的增值税电子普通发票不能作为进项税额抵扣凭证。

5.2.5 劳务派遣员工出差发生的交通费是否能够抵扣增值税

问：某供电公司作为用工单位，安排外部劳务派遣员工出差时发生的火车票、机票等费用，是否可以抵扣增值税进项？

答：《国家税务总局关于国内旅客运输服务进项税抵扣等增值税征管问题的公告》（国家税务总局公告 2019 年第 31 号）规定：《财政部　税务总局　海关总署关于深化增值税改革有关政策的公告》（财政部　税务总局　海关总署公告 2019 年第 39 号）第六条所称"国内旅客运输服务"限于与本单位签订劳动合同的员工，以及本单位作为用工单位接受的劳务派遣员工发生的国内旅客运输服务。

因此，企业作为用工单位接受的劳务派遣员工发生的国内旅客运输服务所产生的进项税额准予申报抵扣。

5.2.6 收到单独支付的维修费发票内容如何判定合规

问：某供电公司与物业公司签订的合同中约定，物业公司提供的物业管理服务包括对房屋及配套设施设备和相关场地进行养护管理，以及维护物业管理区域内的环境卫生和相关秩序，物业公司对上述事项按期收取物业费，此外，相关设备设施及场地如发生损坏，物业公司还负责进行维修，另行收费。该情形下物业公司提供的维修费发票内容如何才属合规？

答：物业公司单独向业主收取的维修费用不属于物业管理服务合同已约定的维修内容，则应按照维修对象的属性开具增值税发票：维修对象为不动产的，按"建筑服务（修缮服务）"开票；维修对象为机器设备等动产的，按照"修理修配劳务"开票。

5.2.7 收到的维保服务发票税率如何判定合规

问：某供电公司从电气设备公司采购一套新型电力设备，由于技术特殊，供电公司在合同中约定设备安装完成后，由该供应商在后续 3 年提供维保服务。双方在合同中约定对该维保服务，由供应商提供 6% 的增值税发票，是否合规？

答：《增值税暂行条例实施细则》第二条规定：修理修配是指受托对损伤和丧失功能的货物进行修复，使其恢复原状和功能的业务。

《国家税务总局关于明确中外合作办学等若干增值税征管问题的公告》（国家税务总局公告 2018 年第 42 号）第六条规定：纳税人对安装运行后的机器设备提供的维护保养服务，按照"其他现代服务"缴纳增值税。

《营业税改征增值税试点实施办法》第三十九条规定：纳税人兼营销售货物、劳务、服务、无形资产或者不动产，适用不同税率或者征收率的，应当分别核算适用不同税率或者征收率的销售额；未分别核算的，从高适用税率。

因此，该供应商提供的维保服务中涉及维护保养部分，开具 6% 税率的增值税发票；涉及维修受损设备部分，开具 13% 税率的增值税发票。

5.2.8 公司班车运费是否能够抵扣增值税

问：某供电公司以外包班车方式接送员工上下班，此种情况下收到的班车运费发票是否能够申报抵扣税额？

答：《增值税暂行条例》第十条规定：用于简易计税方法计税项目、免征增值税项目、集体福利或者个人消费的购进货物、劳务、服务、无形资产和不动产。

如上所述，贵公司以外包班车方式接送员工上下班，属于为员工提供的非货币性福利。因此，用于集体福利的运输费用不得抵扣销项税额。

5.2.9 出差时使用共享汽车取得的增值税电子普通发票是否能够抵扣增值税

问：由于业务扩展需要，某供电公司员工出差时使用共享汽车平台 App 扫码租用一台汽车并取得一张电子普票。请问该电子普票是否可作为进项抵扣凭证？

答：《营业税改征增值税试点实施办法》所附《销售服务、无形资产、不动产注释》规定：经营租赁服务，是指在约定时间内将有形动产或者不动产转让他人使用且租赁物所有权不变更的业务活动。

《财政部　税务总局　海关总署关于深化增值税改革有关政策的公告》（财政部　税务总局　海关总署公告 2019 年第 39 号）第六条规定：纳税人购进国内旅客运输服务，取得增值税电子普通发票的，暂按照发票上注明的税额确定进项税额。

由于使用共享汽车发生的经营租赁服务支出不属于国内旅客运输服务范畴，并且员工未取得增值税专用发票，故已支付的税额无法抵扣销项税额。

5.2.10　员工宿舍电费支出是否能够抵扣增值税

问：某供电公司给员工无偿提供单身宿舍，但员工需要按实用电量缴纳电费，这部分收入是否需要缴纳增值税？就上述单身宿舍实用电量的进项税额，是否可以用于申报抵扣税额？

答：《增值税暂行条例实施细则》第二条规定：货物是指有形动产，包括电力、热力、气体在内。

企业根据实际用电量与员工结算电费，应按照销售货物缴纳增值税。在此前提下，企业取得与员工结算电费相对应的进项税额可以抵扣销项税额。

5.2.11　保洁公司提供打扫清洁服务开具的发票能否抵扣增值税

问：某供电公司委托一家保洁公司负责办公区域的日常打扫清洁，该公司向供电公司开具内容为劳务派遣的发票。请问该供电公司取得的发票内容是否符合规定，能否抵扣销项税额？

答：供电公司取得的劳务派遣发票是否合规，取决于保洁服务的属性是劳务外包服务还是劳务派遣服务。如果保洁人员由保洁公司进行监督和管理，以服务成果作为交付方式的，根据厦门国税"营改增"热点问题回复，向企业提供的办公环境保洁服务属"其他生活服务"，取得以此为商品服务名称的增值税专用发票可以抵扣进项税额；如果保洁人员被派到用人单位后受供电公司监督和管理的，则属于劳务派遣，保洁公司可按差额征税或净额方式开具商品服务名称为"＊人力资源服务＊劳务派遣"的增值税专用发票作为进项抵扣凭证。

5.2.12　取得的二手车销售统一发票是否能够抵扣增值税

问：某供电公司下属单位自从事二手车经销业务的某公司处购入一辆二手

汽车，请问取得的二手车销售统一发票可以抵扣增值税吗？

答：《营业税改征增值税试点实施办法》第二十六条规定：增值税扣税凭证，是指增值税专用发票、海关进口增值税专用缴款书、农产品收购发票、农产品销售发票和完税凭证。

《国家税务总局关于明确二手车经销等若干增值税征管问题的公告》（国家税务总局公告 2020 年第 9 号）规定：

一、自 2020 年 5 月 1 日至 2023 年 12 月 31 日，从事二手车经销业务的纳税人销售其收购的二手车，按以下规定执行：

（一）纳税人减按 0.5％征收率征收增值税，并按下列公式计算销售额：

$$销售额 = 含税销售额 \div (1 + 0.5\%)$$

本公告发布后出台新的增值税征收率变动政策，比照上述公式原理计算销售额。

（二）纳税人应当开具二手车销售统一发票。购买方索取增值税专用发票的，应当再开具征收率为 0.5％的增值税专用发票。

因此，二手车销售统一发票并非增值税进项抵扣凭证，建议由二手车经销公司换开增值税专用发票，以便于抵扣销项税额。

5.2.13 取得农村电网检修运维取得的专用发票如何处理

问：供电公司外包检修运维对象包含农村电网，农村检修运维项目属于免增值税项目，进项税额需要转出，请问这部分发票是否可以不申报抵扣？

答：《关于供电企业收取的免税农村电网维护费有关增值税问题的通知》（国税函〔2005〕778 号）规定：对供电公司收取的免征增值税的农村电网维护费，不应分摊转出外购电力产品所支付的进项税额。

根据《增值税暂行条例》第十条的规定，用于简易计税方法计税项目、免征增值税项目、集体福利或者个人消费的购进货物、劳务、服务、无形资产和不动产的进项税额不得从销项税额中抵扣。

因此，专用于农村电网的检修运维支出，其进项税额不得抵扣。建议供电公司对属于农村电网检修运维发生的各类支出，可要求对方开具增值税普通发票，或者在取得增值税专用发票后先抵扣进项税额再作进项转出操作，以避免形成滞留票。

5.2.14 收到走逃（失联）企业开具的增值税专用发票后应该如何处理

问：某供电公司财务人员近期接到税局通知，已入账的多份发票被认定为失控发票，要求供电公司转出进项税额，请问该供电公司应如何处理？

答： 根据《国家税务总局关于异常增值税扣税凭证管理等有关事项的公告》（国家税务总局公告 2019 年第 38 号）的规定，符合下列情形之一的增值税专用发票，列入异常凭证范围：

（一）纳税人丢失、被盗税控专用设备中未开具或已开具未上传的增值税专用发票；

（二）非正常户纳税人未向税务机关申报或未按规定缴纳税款的增值税专用发票；

（三）增值税发票管理系统稽核比对发现"比对不符""缺联""作废"的增值税专用发票；

（四）经税务总局、省税务局大数据分析发现，纳税人开具的增值税专用发票存在涉嫌虚开、未按规定缴纳消费税等情形的；

（五）属于《国家税务总局关于走逃（失联）企业开具增值税专用发票认定处理有关问题的公告》（国家税务总局公告 2016 年第 76 号）第二条第（一）项规定情形的增值税专用发票。

增值税一般纳税人取得的增值税专用发票列入异常凭证范围的，应按照以下规定处理：

（一）尚未申报抵扣增值税进项税额的，暂不允许抵扣。已经申报抵扣增值税进项税额的，除另有规定外，一律作进项税额转出处理。

……

（四）纳税信用 A 级纳税人取得异常凭证且已经申报抵扣增值税、办理出口退税或抵扣消费税的，可以自接到税务机关通知之日起 10 个工作日内，向主管税务机关提出核实申请。经税务机关核实，符合现行增值税进项税额抵扣、出口退税或消费税抵扣相关规定的，可不作进项税额转出、追回已退税款、冲减当期允许抵扣的消费税税款等处理。纳税人逾期未提出核实申请的，应于期满后按照本条第（一）项、第（二）项、第（三）项规定作相关处理。

（五）纳税人对税务机关认定的异常凭证存有异议，可以向主管税务机关提出核实申请。经税务机关核实，符合现行增值税进项税额抵扣或出口退税相关规定的，纳税人可继续申报抵扣或者重新申报出口退税；符合消费税抵扣规定且已缴纳消费税税款的，纳税人可继续申报抵扣消费税税款。

增值税发票综合服务平台提供异常发票清单查询功能，纳税人可在统计发票勾选确认后获取状态为异常（含作废、失控、冲红或管理状态非正常）的发票清单信息。

因此，供电公司应持续关注已申报抵扣增值税专用发票的状态变化。对已抵扣入账但被列为异常凭证的，当供电公司的纳税信用为 A 级时，应及时向主管税务机关提出核实申请，若核实结果为异常发票，再作进项转出处理；当供电公司的纳税信用并非为 A 级时，应先作进项税额转出处理，再发起核实申请。

5.2.15　善意取得虚开的增值税专用发票应该如何处理

问：某供电公司接到税务机关通知，其已申报抵扣的增值税专用发票中存在部分虚开发票情况。对于企业善意取得虚开的增值税专用发票应该如何处理？

答：《国家税务总局关于纳税人善意取得虚开的增值税专用发票处理问题的通知》（国税发〔2000〕187 号）规定：纳税人善意取得虚开的增值税专用发票指购货方与销售方存在真实交易，且购货方不知取得的增值税专用发票是以非法手段获得的。纳税人善意取得虚开的增值税专用发票，如能重新取得合法、有效的专用发票，准许其抵扣进项税额；如不能重新取得合法、有效的专用发票，不准其抵扣进项税额或追缴其已抵扣的进项税额。

《国家税务总局关于纳税人善意取得虚开增值税专用发票已抵扣税款加收滞纳金问题的批复》（国税函〔2007〕1240 号）规定：纳税人善意取得虚开的增值税专用发票被依法追缴已抵扣税款的，不属于税收征收管理法第三十二条"纳税人未按照规定期限缴纳税款"的情形，不适用该条"税务机关除责令限期缴纳外，从滞纳税款之日起，按日加收滞纳税款万分之五的滞纳金"的规定。

《国家税务总局关于〈国家税务总局关于纳税人取得虚开的增值税专用发票处理问题的通知〉的补充通知》（国税发〔2000〕182 号）规定：有下列情形之一的，无论购货方（受票方）与销售方是否进行了实际的交易，增值税专用发票所注明的数量、金额与实际交易是否相符，购货方向税务机关申请抵扣进项税款或者出口退税的，对其均应按偷税或者骗取出口退税处理。

一、购货方取得的增值税专用发票所注明的销售方名称、印章与其进行实际交易的销售方不符的，即 134 号文件❶第二条法规的"购货方从销售方取得

---

❶　《国家税务总局关于纳税人取得虚开的增值税专用发票处理问题的通知》（国税发〔1997〕134 号）。

第三方开具的专用发票"的情况。

二、购货方取得的增值税专用发票为销售方所在省（自治区、直辖市和计划单列市）以外地区的，即 134 号文件第二条法规的"从销货地以外的地区取得专用发票"的情况。

三、其他有证据表明购货方明知取得的增值税专用发票系销售方以非法手段获得的，即 134 号文件第一条法规的"受票方利用他人虚开的专用发票，向税务机关申报抵扣税款进行偷税"的情况。

因此，当供电公司属于善意取得虚开增值税专用发票的情况时，首先应积极争取重新取得合法、有效的专用发票；若无法重新获取，则需转出已抵扣的进项税额，但无需缴纳滞纳金。

5.2.16 小规模纳税人是否能够开具增值税专用发票

问： 某供电公司采购货物，对方称其公司为小规模纳税人，无法开具增值税专用发票。请问该供应商的说法是否正确？

答：《国家税务总局货物和劳务税司关于做好增值税发票使用宣传辅导有关工作的通知》（税总货便函〔2017〕127 号）指出：已办理税务登记的小规模纳税人（包括个体工商户）以及国家税务总局确定的其他可予代开增值税专用发票的纳税人，发生增值税应税行为，可以申请代开增值税专用发票。

《国家税务总局关于增值税发票管理等有关事项的公告》（国家税务总局公告 2019 年第 33 号）第五条规定：增值税小规模纳税人（其他个人除外）发生增值税应税行为，需要开具增值税专用发票的，可以自愿使用增值税发票管理系统自行开具。选择自行开具增值税专用发票的小规模纳税人，税务机关不再为其代开增值税专用发票。

《国家税务总局关于增值税小规模纳税人减免增值税等政策有关征管事项的公告》（国家税务总局公告 2023 年第 1 号）第四条规定：小规模纳税人取得应税销售收入，适用 1 号公告❶第一条规定的免征增值税政策的，纳税人可就该笔销售收入选择放弃免税并开具增值税专用发票；第五条规定：小规模纳税人取得应税销售收入，适用 1 号公告第二条规定的减按 1% 征收率征收增值税政策的，应按照 1% 征收率开具增值税发票。纳税人可就该笔销售收入选择放

---

❶ 《财政部　税务总局关于明确增值税小规模纳税人减免增值税等政策的公告》（财政部 税务总局公告 2023 年第 1 号）

弃减税并开具增值税专用发票。

因此，该供应商具备提供增值税专用发票的条件，供电公司可与其协商发票开具形式。

5.2.17 企业员工出国考察，由第三方机构开具的发票是否能在税前列支

问：某供电公司员工出国考察，由旅行社代为安排相关住宿等并提供相关发票，供电公司可以凭该发票在企业所得税税前列支吗？

答：《中华人民共和国企业所得税法》第八条规定：企业实际发生的与取得收入有关的、合理的支出，包括成本、费用、税金、损失和其他支出，准予在计算应纳税所得额时扣除。

《企业所得税税前扣除凭证管理办法》第七条规定：企业应将与税前扣除凭证相关的资料，包括合同协议、支出依据、付款凭证等留存备查，以证实税前扣除凭证的真实性；第八条规定：税前扣除凭证按照来源分为内部凭证和外部凭证，其中，外部凭证是指企业发生经营活动和其他事项时，从其他单位、个人取得的用于证明其支出发生的凭证，包括但不限于发票（包括纸质发票和电子发票）、财政票据、完税凭证、收款凭证、分割单等。

综上所述，员工出国考察费用作为与企业取得收入有关的、合理的支出，可以在计算应纳税所得额时扣除。企业所得税税前扣除凭证除旅行社提供的发票外，供电公司还应留存可证明该支出真实性的材料，包括但不限于考察对象邀请函或者协议、考察人员姓名、地点、时间、考察任务、考察结果、支付凭证等。

5.2.18 行业协会会费是否能在税前列支

问：近日，某供电公司办公室工作人员向财务部申请支付参加电力行业协会的会费，但没有提供发票。请问应取得何种票据才可作为企业所得税税前扣除凭证？

答：《财政部　国家税务总局关于进一步明确全面推开营改增试点有关再保险、不动产租赁和非学历教育等政策的通知》（财税〔2016〕68号）第五条规定：各党派、共青团、工会、妇联、中科协、青联、台联、侨联收取党费、团费、会费，以及政府间国际组织收取会费，属于非经营活动，不征收增值税。

《财政部　国家税务总局关于租入固定资产进项税额抵扣等增值税政策的通知》（财税〔2017〕90号）第八条规定：自2016年5月1日起，社会团体收

取的会费，免征增值税。本通知下发前已征的增值税，可抵减以后月份应缴纳的增值税，或办理退税。社会团体，是指依照国家有关法律法规设立或登记并取得《社会团体法人登记证书》的非营利法人。会费，是指社会团体在国家法律法规、政策许可的范围内，依照社团章程的规定，收取的个人会员、单位会员和团体会员的会费。

《财政票据管理办法》第七条规定：社会团体会费票据，是指依法成立的社会团体向会员收取会费时开具的凭证。

综上所述，若企业收到电力协会提供的会费票据，是由财政部门监制的社会团体会费票据时，可作为企业所得税税前扣除凭证；若只是电力协会自制票据，则不能在税前扣除。

5.2.19　未加盖发票专用章的发票是否能在税前列支

问：近日，某供电公司财务人员在审核本单位报账申请时发现，有些发票有加盖发票专用章，有些发票没有加盖发票专用章。请问未加盖发票专用章的发票能否作为税前扣除凭证？

答：《发票管理办法》要求：开具发票应当按照规定的时限、顺序、栏目，全部联次一次性如实开具，并加盖发票专用章；应当开具而未开具发票，或者未按照规定的时限、顺序、栏目，全部联次一次性开具发票，或者未加盖发票专用章的，由税务机关责令改正，可以处 1 万元以下的罚款，有违法所得的予以没收。

《发票管理办法实施细则》第二十八条规定：单位和个人在开具发票时，必须做到按照号码顺序填开，填写项目齐全，内容真实，字迹清楚，全部联次一次打印，内容完全一致，并在发票联和抵扣联加盖发票专用章。

《国家税务总局关于增值税发票综合服务平台等事项的公告》（国家税务总局公告 2020 年第 1 号）第二条规定：纳税人通过增值税电子发票公共服务平台开具的增值税电子普通发票，属于税务机关监制的发票，采用电子签名代替发票专用章，其法律效力、基本用途、基本使用规定等与增值税普通发票相同。

《国家税务总局关于在新办纳税人中实行增值税专用发票电子化有关事项的公告》（国家税务总局公告 2020 年第 22 号）第二条规定：电子专票由各省税务局监制，采用电子签名代替发票专用章，属于增值税专用发票，其法律效力、基本用途、基本使用规定等与增值税纸质专用发票相同。

数电票其法律效力、基本用途等与纸质发票一致。纳税人以数电票的纸质打印件作为税收凭证的，无需要求销售方在纸质打印件上加盖发票专用章，但必须同时保存打印该纸质件的数电票电子文件。

因此，财务人员在审核发票时，需要根据发票种类判断是否需要加盖发票专用章。对于纸质发票，加盖发票专用章是合规票据的认定条件之一；对于纸电发票和数电票，则无需加盖发票专用章。

5.2.20 提前解除租赁合同支付的违约金是否可以获取发票

问：某供电公司因经营管理需要提前退租原先的办公场地，押金作为退租违约金直接赔付给业主单位，但业主单位不同意开发票，该做法合规吗？

答：《增值税暂行条例实施细则》第十二条规定：价外费用，包括价外向购买方收取的手续费、补贴、基金、集资费、返还利润、奖励费、违约金、滞纳金、延期付款利息、赔偿金、代收款项、代垫款项、包装费、包装物租金、储备费、优质费、运输装卸费以及其他各种性质的价外收费。

业主单位在向供电公司提供不动产经营租赁服务后收到的违约金，符合前述价外费用的定义，应作为增值税应税服务销售额的一部分。

《发票管理办法》第十九条规定：销售商品、提供服务以及从事其他经营活动的单位和个人，对外发生经营业务收取款项，收款方应当向付款方开具发票。

因此，供电公司有权要求业主单位开具发票。

需要说明的是，若某供电公司尚未入住便提出解除租赁合同，业主单位提供不动产经营租赁服务的行为不存在，相应的增值税纳税义务未发生。在此情况下，退租的违约金不符合《增值税暂行条例实施细则》对"价外费用"的定义，业主单位不得开具增值税发票。

5.2.21 银行手续费未取得发票时如何在税前列支

问：某供电公司财务费用中包括支付给银行的各类手续费，财务人员按以往的工作习惯仅取得手续费清单，并未索要发票。请问以手续费清单作为企业所得税税前扣除凭证是否合规？

答：《发票管理办法》第十九条规定：销售商品、提供服务以及从事其他经营活动的单位和个人，对外发生经营业务收取款项，收款方应当向付款方开具发票；特殊情况下，由付款方向收款方开具发票。

《企业所得税税前扣除凭证管理办法》第九条规定：企业在境内发生的支出项目属于增值税应税项目的，对方为已办理税务登记的增值税纳税人，其支出以发票（包括按照规定由税务机关代开的发票）作为税前扣除凭证。

《企业所得税税前扣除凭证管理办法》第十三条规定：企业应当取得而未取得发票、其他外部凭证或者取得不合规发票、不合规其他外部凭证的，若支出真实且已实际发生，应当在当年度汇算清缴期结束前，要求对方补开、换开发票及其他外部凭证。补开、换开后的发票及其他外部凭证符合规定的，可以作为税前扣除凭证。

因此，由于银行收取的手续费属于增值税应税行为，故供电公司应当向银行索要手续费发票，否则手续费支出无法在企业所得税税前扣除。

5.2.22　取得不合规发票如何处理

问：某供电公司在正常会计年度中取得不合规发票，在汇算清缴期内如何补救？

答：《企业所得税税前扣除凭证管理办法》第十三条规定：企业应当取得而未取得发票、其他外部凭证或者取得不合规发票、不合规其他外部凭证的，若支出真实且已实际发生，应当在当年度汇算清缴期结束前，要求对方补开、换开发票及其他外部凭证。补开、换开后的发票及其他外部凭证符合规定的，可以作为税前扣除凭证。

《企业所得税税前扣除凭证管理办法》第十四条规定：企业在补开、换开发票及其他外部凭证过程中，因对方注销、撤销、依法被吊销营业执照、被税务机关认定为非正常户等特殊原因无法补开、换开发票及其他外部凭证的，可凭以下资料证实支出真实性后，其支出允许税前扣除：

（1）无法补开、换开发票、其他外部凭证原因的证明资料（包括工商注销、机构撤销、列入非正常经营户、破产公告等证明资料）。

（2）相关业务活动的合同或者协议。

（3）采用非现金方式支付的付款凭证。

（4）货物运输的证明资料。

（5）货物入库、出库内部凭证。

（6）企业会计核算记录以及其他资料。

第一项至第三项为必备资料。

因此，该公司首先应要求不合规发票开具方补开、换开发票；若由于特殊原因无法补开、换开发票的，应留存无法补开、换开发票的证明资料，相关业务活动的合同或者协议，采用非现金方式支付的付款凭证等证明支出真实发生的资料。

5.2.23 自行打印发票是否可以作为记账凭证

问：某供电公司购买某单位的咨询服务后，对方单位提供一个网址，让供电公司自行下载打印电子发票，请问这样自行下载打印的发票可以作为记账凭证吗？

答：可以。

《国家税务总局关于推行通过增值税电子发票系统开具的增值税电子普通发票有关问题的公告》（国家税务总局公告 2015 年第 84 号）第三条规定：电子发票的开票方和受票方需要纸质发票的，可以自行打印电子发票的版式文件（彩色或黑白均可），其法律效力、基本用途、基本使用规定等与税务机关监制的增值税普通发票相同。

5.2.24 手填发票是否能在税前列支

问：某供电公司取得快递发票，没有填写开票方名称，财务人员直接以手写方式补填。这张发票还能在企业所得税税前扣除吗？

答：《国家税务总局关于印发〈全国普通发票简并票种统一式样工作实施方案〉的通知》（国税发〔2009〕142 号）要求：在票种设置和实施方案方面，积极推广、扩大机打票使用范围（包括税控发票），限制和压缩手工票使用范围，条件成熟时取消手工票；严格控制手工发票，各地要结合本地实际，严格控制手工发票的开具限额和使用范围。手工发票的限额应严格控制在百元版和千元版。要根据经济发展的形势，逐步缩小手工发票使用量或取消手工发票。在这次简并票种过程中，有条件的地区可以不设置手工发票。

《发票管理办法》第二十一条规定：不符合规定的发票，不得作为财务报销凭证，任何单位和个人有权拒收。

《企业所得税税前扣除凭证管理办法》第十二条规定：企业取得私自印制、伪造、变造、作废、开票方非法取得、虚开、填写不规范等不符合规定的发票，以及取得不符合国家法律、法规等相关规定的其他外部凭证，不得作为税前扣除凭证。

综上所述，应为机打票（包括税控发票）但实为手填发票的增值税发票，属于不合规发票，不得在企业所得税税前扣除。

5.2.25 收到红字发票后如何进行账务处理

问：某供电公司购入货物后发现该货物不符合公司质量要求予以退货，由于该批货物对应的增值税进项税额已在以前期间认证抵扣，公司要求供应商开具红字发票，随后财务人员在进行账务处理时，将对应红字金额计入"应交税费—应交增值税—进项税额"借方负数，请问该做法是否合规？

答：《财政部关于印发〈增值税会计处理规定〉的通知》（财会〔2016〕22号）对会计科目及专栏设置作出规定："进项税额转出"专栏记录一般纳税人购进货物、加工修理修配劳务、服务、无形资产或不动产等发生非正常损失以及其他原因而不应从销项税额中抵扣、按规定转出的进项税额。

《国家税务总局关于红字增值税发票开具有关问题的公告》（国家税务总局公告 2016 年第 47 号）第一条第（一）款规定：购买方取得专用发票已用于申报抵扣的，购买方可在增值税发票管理新系统中填开并上传《红字信息表》，在填开《红字信息表》时不填写相对应的蓝字专用发票信息，应暂依《红字信息表》所列增值税税额从当期进项税额中转出，待取得销售方开具的红字专用发票后，与《红字信息表》一并作为记账凭证。

因此，供电公司财务人员在进行账务处理时，应将红字发票对应金额计入"应交税费—应交增值税—进项税额转出"。

附录 A 术 语 定 义

【电网企业/供电公司】

拥有、经营和运行电网的电力企业。

【发电企业】

并入电网运行的（拥有单个或数个发电厂的）发电单位，或拥有发电厂的电力企业。

【售电公司】

提供售电服务或配售电服务的市场主体。售电公司在零售市场与电力用户确立售电服务关系，在批发市场开展购售电业务。

【电力用户】

通过电网消费电能的单位或个人。

【批发市场用户】

直接参与电力批发市场大宗电力交易活动的电力用户。

【零售市场用户】

与售电公司开展电力交易活动的电力用户。

【增值税纳税人】

增值税纳税人分为增值税一般纳税人和增值税小规模纳税人。

增值税一般纳税人，是指年应征增值税销售额超过财政部规定标准的企业单位。对于增值税一般纳税人，增值税进项税额可以抵扣销项税额。

增值税小规模纳税人，是指年销售额在规定标准以下且可能会计核算不健全，不能按规定报送有关税务资料的增值税纳税人。

【增值税发票联次】

增值税专用发票由基本联次或者基本联次附加其他联次构成，基本联次为三联，即发票联、抵扣联及记账联。

发票联，作为购买方核算采购成本和增值税进项税额的记账凭证；

抵扣联，作为购买方报送主管税务机关认证和留存备查的凭证；

记账联，作为销售方核算销售收入和增值税销项税额的记账凭证。

增值税普通发票由基本联次或者基本联次附加其他联次构成，基本联次为两联，即发票联和记账联。

【电子发票】

电子发票，是指符合《中华人民共和国发票管理办法》及相关规定，在购销商品、提供或者接受服务及从事其他经营活动中，开具、收取的以数据电文为载体的收付款凭证。电子发票有版式文档格式和非版式文档格式，可供使用人下载存储在电子存储设备中，并以数字电文形式进行流转。

电子发票包括增值税电子普通发票、增值税电子专用发票、全面数字化的电子发票等，其法律效力、基本用途与纸质发票相同。

【数电票】

全面数字化的电子发票，简称数电票，是指依托可信身份体系和电子发票服务平台，以去介质、去版式、标签化、要素化、授信制、赋码制为基本特征，覆盖全领域、全环节、全要素的电子发票。

自 2021 年 12 月 1 日起截至 2023 年 4 月 30 日，数电票已在广东省（不含深圳）、上海市、内蒙古自治区、四川省、厦门市、陕西省、天津市、重庆市、大连市、青岛市、河南省、吉林省、福建省、云南省、深圳市、宁波市、山西省、辽宁省、江苏省、浙江省、江西省、海南省、甘肃省、广西壮族自治区的部分增值税纳税人群体中进行开票试点。自 2022 年 8 月 28 日起，全国各省、自治区、直辖市和计划单列市实现数电票受票的全覆盖。

数电票有 XML 格式和展示样式。以数字电文形式（XML）交付的数电票，破除了 PDF、OFD 等版式文件限制。数电票开具后，发票数据文件自动发送至交易双方的税务数字账户，便利交付入账，减少人工收发；以 PDF、OFD 等展示样式交付的数电票，可降低发票使用成本，提升纳税人用票的便利度和获取感。

附录 B 政 策 法 规

1. 《民法典》

2. 《中华人民共和国税收征收管理法》

3. 《中华人民共和国企业所得税法》

4. 《中华人民共和国发票管理办法》

5. 《中华人民共和国增值税暂行条例》

6. 《中华人民共和国企业所得税法实施条例》

7. 《中华人民共和国发票管理办法实施细则》

8. 《中华人民共和国增值税暂行条例实施细则》

9. 《国务院对确需保留的行政审批项目设定行政许可的决定》

10. 《电力产品增值税征收管理办法》

11. 《成品油零售加油站增值税征收管理办法》

12. 《财政票据管理办法》

13. 《供电营业规则》

14. 《二手车流通管理办法》

15. 《财政部 国家税务总局关于免征农村电网维护费增值税问题的通知》(财税字〔1998〕47 号)

16. 《财政部 国家税务总局关于全国实施增值税转型改革若干问题的通知》(财税〔2008〕170 号)

17. 《财政部 国家税务总局关于部分货物适用增值税低税率和简易办法征收增值税政策的通知》(财税〔2009〕9 号)

18. 《财政部 国家税务总局关于简并增值税征收率政策的通知》(财税〔2014〕57 号)

19. 《财政部 国家税务总局关于全面推开营业税改征增值税试点的通知》(财税〔2016〕36 号)

20. 《财政部 国家税务总局关于进一步明确全面推开营改增试点有关劳务派遣服务、收费公路通行费抵扣等政策的通知》(财税〔2016〕47 号)

21. 《财政部 国家税务总局关于进一步明确全面推开营改增试点有关再保险、不动产租赁和非学历教育等政策的通知》(财税〔2016〕68 号)

22.《财政部 国家税务总局关于明确金融、房地产开发、教育辅助服务等增值税政策的通知》（财税〔2016〕140 号）

23.《财政部 国家税务总局关于租入固定资产进项税额抵扣等增值税政策的通知》（财税〔2017〕90 号）

24.《财政部 税务总局关于促进服务业领域困难行业纾困发展有关增值税政策的公告》（财政部 税务总局公告 2022 年第 11 号）

25.《财政部 税务总局关于明确增值税小规模纳税人减免增值税等政策的公告》（财政部 税务总局公告 2023 年第 1 号）

26.《国家税务总局关于税务机关代收工会经费企业所得税税前扣除凭据问题的公告》（国家税务总局公告 2011 年第 30 号）

27.《国家税务总局关于简化增值税发票领用和使用程序有关问题的公告》（国家税务总局公告 2014 年第 19 号）

28.《国家税务总局关于国家电网公司购买分布式光伏发电项目电力产品发票开具等有关问题的公告》（国家税务总局公告 2014 年第 32 号）

29.《国家税务总局关于纳税人对外开具增值税专用发票有关问题的公告》（国家税务总局公告 2014 年第 39 号）

30.《国家税务总局关于全面推行增值税发票系统升级版有关问题的公告》（国家税务总局公告 2015 年第 19 号）

31.《国家税务总局关于推行通过增值税电子发票系统开具的增值税电子普通发票有关问题的公告》（国家税务总局公告 2015 年第 84 号）

32.《国家税务总局关于发布〈纳税人跨县（市、区）提供建筑服务增值税征收管理暂行办法〉的公告》（国家税务总局公告 2016 年第 17 号）

33.《国家税务总局关于全面推开营业税改征增值税试点有关税收征收管理事项的公告》（国家税务总局公告 2016 年第 23 号）

34.《国家税务总局关于红字增值税发票开具有关问题的公告》（国家税务总局公告 2016 年第 47 号）

35.《国家税务总局关于营改增试点若干征管问题的公告》（国家税务总局公告 2016 年第 53 号）

36.《国家税务总局关于在境外提供建筑服务等有关问题的公告》（国家税务总局公告 2016 年第 69 号）

37.《国家税务总局关于走逃（失联）企业开具增值税专用发票认定处理有关问题的公告》（国家税务总局公告 2016 年第 76 号）

38.《国家税务总局关于启用全国增值税发票查验平台的公告》（国家税务总局公告 2016 年第 87 号）

39.《国家税务总局关于进一步明确营改增有关征管问题的公告》（国家税务总局公告 2017 年第 11 号）

40.《国家税务总局关于增值税发票开具有关问题的公告》（国家税务总局 2017 年第 16 号）

41.《国家税务总局关于发布〈企业所得税税前扣除凭证管理办法〉的公告》（国家税务总局 2018 年第 28 号）

42.《国家税务总局关于明确中外合作办学等若干增值税征管问题的公告》（国家税务总局公告 2018 年第 42 号）

43.《国家税务总局关于国内旅客运输服务进项税抵扣等增值税征管问题的公告》（国家税务总局公告 2019 年第 31 号）

44.《国家税务总局关于增值税发票管理等有关事项的公告》（国家税务总局公告 2019 年第 33 号）

45.《国家税务总局关于异常增值税扣税凭证管理等有关事项的公告》（国家税务总局公告 2019 年第 38 号）

46.《国家税务总局关于取消增值税扣税凭证认证确认期限等增值税征管问题的公告》（国家税务总局公告 2019 年第 45 号）

47.《国家税务总局关于增值税发票综合服务平台等事项的公告》（国家税务总局公告 2020 年第 1 号）

48.《国家税务总局关于明确二手车经销等若干增值税征管问题的公告》（国家税务总局公告 2020 年第 9 号）

49.《国家税务总局关于在新办纳税人中实行增值税专用发票电子化有关事项的公告》（国家税务总局公告 2020 年第 22 号）

50.《国家税务总局关于小规模纳税人免征增值税等征收管理事项的公告》（国家税务总局公告 2022 年第 6 号）

51.《国家税务总局关于增值税小规模纳税人减免增值税等政策有关征管事项的公告》（国家税务总局公告 2023 年第 1 号）

52.《财政部　税务总局　海关总署关于深化增值税改革有关政策的公告》（财政部　税务总局　海关总署公告 2019 年第 39 号）

53.《交通运输部　财政部　国家税务总局　国家档案局关于收费公路通行费电子票据开具汇总等有关事项的公告》（交通运输部公告 2020 年第 24 号）

54.《国家税务总局关于纳税人取得虚开的增值税专用发票处理问题的通知》（国税发〔1997〕134 号）

55.《国家税务总局关于进一步做好增值税电子普通发票推行工作的指导意见》（税总发〔2017〕31 号）

56.《国家税务总局关于〈国家税务总局关于纳税人取得虚开的增值税专用发票处理问题的通知〉的补充通知》（国税发〔2000〕182 号）

57.《国家税务总局关于纳税人善意取得虚开的增值税专用发票处理问题的通知》（国税发〔2000〕187 号）

58.《国家税务总局关于修订〈增值税专用发票使用规定〉的通知》（国税发〔2006〕156 号）

59.《国家税务总局关于印发〈全国普通发票简并票种统一式样工作实施方案〉的通知》（国税发〔2009〕142 号）

60.《财政部关于印发〈增值税会计处理规定〉的通知》（财会〔2016〕22 号）

61.《财政部　国家档案局关于规范电子会计凭证报销入账归档的通知》（财会〔2020〕6 号）

62.《国家发展改革委关于电动汽车用电价格政策有关问题的通知》（发改价格〔2014〕1668 号）

63.《国家发展改革委　国家能源局关于印发〈售电公司准入与退出管理办法〉和〈有序放开配电网业务管理办法〉的通知》（发改经体〔2016〕2120 号）

64.《国家发展改革委关于印发〈区域电网输电价格定价办法（试行）〉〈跨省跨区专项工程输电价格定价办法（试行）〉和〈关于制定地方电网和增量配电网配电价格的指导意见〉的通知》（发改价格〔2017〕2269 号）

65.《国家发展改革委　国家能源局关于印发〈售电公司管理办法〉的通知》（发改体改规〔2021〕1595 号）

66.《国家市场监督管理总局关于做好取消企业集团核准登记等 4 项行政许可等事项衔接工作的通知》（国市监企注〔2018〕139 号）

67.《国家档案局办公室关于印发〈企业电子文件归档和电子档案管理指南〉的通知》（档办发〔2015〕4 号）

68.《财政部会计司关于公布电子凭证会计数据标准（试行版）的通知》（财会便函〔2023〕18 号）

69.《国家税务总局关于供电企业收取的免税农村电网维护费有关增值税问题的通知》（国税函〔2005〕778号）

70.《国家税务总局关于纳税人善意取得虚开增值税专用发票已抵扣税款加收滞纳金问题的批复》（国税函〔2007〕1240号）

71.《国家税务总局关于农村电网维护费征免增值税问题的通知》（国税函〔2009〕591号）

72.《国家税务总局关于营业税改征增值税委托地税局代征税款和代开增值税发票的通知》（税总函〔2016〕145号）

73.《国家税务总局关于做好增值税电子普通发票推行所需税控设备管理工作的通知》（税总函〔2017〕232号）

74.《国家税务总局关于开展网络平台道路货物运输企业代开增值税专用发票试点工作的通知》（税总函〔2019〕405号）

75.《国家税务总局稽查局关于营改增专项稽查工作的函》（税总稽便函〔2015〕174号）

76.《国家税务总局货物和劳务税司关于做好增值税发票使用宣传辅导有关工作的通知》（税总货便函〔2017〕127号）

77.《青岛市国家税务局关于2010年度企业所得税汇算清缴若干问题的公告》（青岛市国家税务局公告2011年第1号）

78.《国家税务总局广东省税务局关于进一步开展全面数字化的电子发票试点工作的公告》（国家税务总局广东省税务局公告2022年第2号）

79.《国家税务总局上海市税务局关于进一步开展全面数字化的电子发票试点工作的公告》（国家税务总局上海市税务局公告2022年第1号）

80.《国家税务总局内蒙古自治区税务局关于进一步开展全面数字化的电子发票试点工作的公告》（国家税务总局内蒙古自治区税务局公告2022年第3号）

81.《国家税务总局四川省税务局关于开展全面数字化的电子发票试点工作的公告》（国家税务总局四川省税务局公告2022年第6号）

82.《国家税务总局厦门市税务局关于开展全面数字化的电子发票试点工作的公告》（国家税务总局厦门市税务局公告2020年第22号）

83.《国家税务总局陕西省税务局关于开展全面数字化的电子发票试点工作的公告》（国家税务总局陕西省税务局公告2023年第1号）

84.《国家税务总局天津市税务局关于开展全面数字化的电子发票试点工

作的公告》（国家税务总局天津市税务局公告 2023 年第 1 号）

85.《国家税务总局重庆市税务局关于开展全面数字化的电子发票试点工作的公告》（国家税务总局重庆市税务局公告 2023 年第 1 号）

86.《国家税务总局大连市税务局关于开展全面数字化的电子发票试点工作的公告》（国家税务总局大连市税务局公告 2023 年第 1 号）

87.《国家税务总局青岛市税务局关于开展全面数字化的电子发票试点工作的公告》（国家税务总局青岛市税务局公告 2023 年第 1 号）

88.《国家税务总局河南省税务局关于开展全面数字化的电子发票试点工作的公告》（国家税务总局河南省税务局公告 2023 年第 1 号）

89.《国家税务总局吉林省税务局关于开展全面数字化的电子发票试点工作的公告》（国家税务总局吉林省税务局公告 2023 年第 1 号）

90.《国家税务总局福建省税务局关于开展全面数字化的电子发票试点工作的公告》（国家税务总局福建省税务局公告 2023 年第 2 号）

91.《国家税务总局云南省税务局关于开展全面数字化的电子发票试点工作的公告》（国家税务总局云南省税务局公告 2023 年第 2 号）

92.《国家税务总局深圳市税务局关于开展全面数字化的电子发票试点工作的公告》（国家税务总局深圳市税务局公告 2023 年第 3 号）

93.《国家税务总局宁波市税务局关于开展全面数字化的电子发票试点工作的公告》（国家税务总局宁波市税务局公告 2023 年第 1 号）

94.《国家税务总局山西省税务局关于开展全面数字化的电子发票试点工作的公告》（国家税务总局山西省税务局公告 2023 年第 1 号）

95.《国家税务总局辽宁省税务局关于开展全面数字化的电子发票试点工作的公告》（国家税务总局辽宁省税务局公告 2023 年第 1 号）

96.《国家税务总局江苏省税务局关于开展全面数字化的电子发票试点工作的公告》（国家税务总局江苏省税务局公告 2023 年第 1 号）

97.《国家税务总局浙江省税务局关于开展全面数字化的电子发票试点工作的公告》（国家税务总局浙江省税务局公告 2023 年第 4 号）

98.《国家税务总局江西省税务局关于开展全面数字化的电子发票试点工作的公告》（国家税务总局江西省税务局公告 2023 年第 1 号）

99.《国家税务总局海南省税务局关于开展全面数字化的电子发票试点工作的公告》（国家税务总局海南省税务局公告 2023 年第 1 号）

100.《国家税务总局甘肃省税务局关于开展全面数字化的电子发票试点工

作的公告》(国家税务总局甘肃省税务局公告 2023 年第 2 号)

　　101.《国家税务总局广西壮族自治区税务局关于开展全面数字化的电子发票试点工作的公告》(国家税务总局广西壮族自治区税务局公告 2023 年第 4号)

　　102.《电子发票全流程电子化管理指南》

　　103.《电子凭证会计数据标准试点技术问答》

　　104.《国家电网有限公司会计基础管理办法》

　　105.《国家电网有限公司会计核算办法 2021》

附录 C　开票内容与税率对照简表

为方便各单位便捷查询发票开具规则，现编制开票内容与税率对照简表（表 C-1），以供参考。

由于增值税小规模纳税人除个别场景外均适用 3％ 的征收率、1％ 的优惠征收率和免税❶，故在下表中不再一一列示。

表 C-1　　　　　　　　　　不同场景下的开票内容与规则

开票主体	开票场景	税率/征收率	商品及服务名称	备注内容	注意事项
供电公司	供电收入——向批发市场用户供电	13％	＊供电＊电费	用电客户编号＋电费年月	
	供电收入——向零售市场用户供电	13％	＊供电＊电费	用电客户编号＋电费年月	
	供电收入——向电网企业代理购电用户供电	13％	＊供电＊电费	用电客户编号＋电费年月	
	差别电价收入	—	差别电价收入	用电客户编号＋电费年月＋差别电价电费	开具省级财政部门统一印（监）制的财政票据
	供电收入——向居民用户供电	13％	＊供电＊电费	用电客户编号＋电费年月	向城乡低保、农村五保对象提供免费用电量根据当地办法执行
		免税	＊供电＊农村电网维护费		
	供电收入——向农业生产户供电	13％	＊供电＊电费	用电客户编号＋电费年月	
	供电收入——预存电费	—	预存电费		开具收据
	供电收入——向非直供电总分表单位供电	13％	＊供电＊电费	非直供电＋《分割单》或《汇总表》编码＋电费年月	

---

❶ "1％ 的优惠征收率"，是指自 2023 年 1 月 1 日至 2023 年 12 月 31 日，对增值税小规模纳税人适用 3％ 征收率的应税销售收入减按 1％ 征收率征收增值税。"免税"，是指自 2021 年 4 月 1 日至 2022 年 12 月 31 日，对月销售额 15 万元以下（含本数）的增值税小规模纳税人，免征增值税；自 2022 年 4 月 1 日至 2022 年 12 月 31 日，增值税小规模纳税人适用 3％ 征收率的应税销售收入，免征增值税；自 2023 年 1 月 1 日至 2023 年 12 月 31 日，对月销售额 10 万元以下（含本数）的增值税小规模纳税人，免征增值税。

续表

开票主体	开票场景	税率/征收率	商品及服务名称	备注内容	注意事项
供电公司	供电收入——代征基金及附加	13%	＊供电＊电费	用电客户编号＋电费年月	合并在电价中，随电费一并收取，包括农网还贷资金、国家重大水利工程建设基金、大中型水库移民后期扶持基金、可再生能源发展基金等
	跨区跨省售电收入（网间售电）	13%	供电＊售电	电费年月	
	输入电收入	13%	供电＊售电	电费年月	
	违约使用电费	13%	＊供电＊违约使用电费	用电客户编号＋处罚年月	
	滞纳金	13%	＊供电＊滞纳金	用电户号＋逾期开始之日至缴纳日	
	出售电费充值卡收入	—	电费充值卡		开具收据
	受托运行维护收入	6%	＊其他现代服务＊运行维护		
		13%	＊修理修配劳务＊线路修复		
	高可靠性供电收入	9%	建筑服务＊高可靠性供电	用电户号＋项目名称＋项目地址	衬装费
		3%			初装费，简易计税因甲供材、清包工、老项目
		6%	＊现代服务＊高可靠性供电服务		提供实施方案
	系统备用容量费收入	13%	＊供电＊电费	用电客户编号＋电费年月	
	售电公司向供电公司支付市场化电费价差	13%	＊供电＊电费	售电公司编号＋电费年月	
	售电公司向供电公司支付偏差考核费	13%	＊供电＊电费	售电公司编号＋电费年月	
	逛售电费	13%	＊供电＊电费	电费年月	

续表

开票主体	开票场景	税率/征收率	商品及服务名称	备注内容	注意事项
供电公司	赔表收入	13%	*电工仪器仪表*电能表赔偿费	用电户号＋发生年月	
	地下电缆通道有偿使用费收入	5%	*经营租赁*电缆通道使用费	不动产详细地址＋租赁期间	营改增前取得的不动产
		9%	*经营租赁*电缆通道使用费		营改增后取得的不动产
	增量配售电	13%	*供电*电费	增量配售电公司编号＋电费年月	
	充电站（桩）充电电费	13%	*供电*电费	用电客户编号＋电费年月	
	收取农网还贷资金返还收入	不征税	与销售行为不挂钩的财政补贴收入*农网还贷资金返还收入		开具增值税普通发票
	收取可再生能源电价附加收入	不征税	与销售行为不挂钩的财政补贴收入*可再生能源电价附加收入		开具增值税普通发票
	分布式光伏发电	免税或3%或1%❶	*发电*分布式光伏上网电费	发电客户编号＋电费年月	为自然人代开
			*发电*分布式光伏发电补贴		
售电公司	供电公司向售电公司支付市场化电费价差	13%	*供电*电费	结算年月	
	供电公司向售电公司支付偏差考核费	13%	*供电*电费	结算年月	
增量配售电公司	向客户供电	13%	*供电*电费	用电客户编号＋电费年月	

❶ 在 2023 年 1 月 1 日至 2023 年 12 月 31 日，当供电公司向自然人支付的分布式光伏发电购电费金额不大于 10 万元时，适用免税；当购电费金额大于 10 万元（不含本数）时，适用 1% 征收率；在 2023 年 12 月 31 日政策到期后，购电费适用征收率是否恢复为 3%，待财政部、国家税务总局通知。

续表

开票主体	开票场景	税率/征收率	商品及服务名称	备注内容	注意事项
内部核算电厂	销售电力收入	13%	＊发电＊（各类能源电力，例如火力发电、水力发电等）		除小型水电（5万千瓦及以下）
		3%	＊发电＊5万千瓦以下（含5万千瓦）水力发电		小型水电（5万千瓦及以下）
	辅助服务考核费	13%	＊发电＊辅助服务考核费		
电网配套企业	工程结算	不征税	＊建筑服务预收款＊预收工程款	工程名称＋工程地址	开具增值税普通发票
		9%	＊建筑服务＊工程服务		进度款、结算款
		3%	＊建筑服务＊工程服务		甲供材、清包工、老项目
	勘测设计收入	6%	＊研发和技术服务＊工程勘察服务	工程名称＋工程地址	
		6%	＊设计服务＊工程设计服务		
	杆迁工程收入（EPC）	6%	＊设计服务＊工程设计服务	工程名称＋工程地址	设计费
		9%	＊建筑服务＊工程服务		施工费
		3%	＊建筑服务＊工程服务		甲供材、清包工、老项目
		13%	根据具体销售的物资而定		物资销售
	销售设备	13%	根据具体销售的设备而定		
	监理服务收入	6%	＊鉴证咨询服务＊工程监理服务	工程名称＋工程地址	
其他业务	技术服务收入	6%	研发和技术服务＊技术服务		与技术转让、技术开发无关，或不符合享受免税政策
		免税	＊研发和技术服务＊技术服务		与技术转让、技术开发相关且技术转让、技术开发已办理免税，并开具在同一张发票

续表

开票主体	开票场景	税率/征收率	商品及服务名称	备注内容	注意事项
其他业务	技术开发收入	6%	研发和技术服务＊技术开发		未免税
		免税	＊研发和技术服务＊技术开发		已免税
		6%	无形资产＊专利技术转让/非专利技术转让		未免税
		免税	＊无形资产＊专利技术转让/非专利技术转让		已免税
	技术咨询收入	6%	＊研发和技术服务＊技术咨询 ＊咨询服务＊技术咨询		与技术转让、技术开发无关，或不符合享受免税政策
		免税	＊研发和技术服务＊技术咨询		与技术转让、技术开发相关且技术转让、技术开发已办理免税，并开具在同一张发票上
	有形动产经营租赁收入	13%	＊经营租赁＊其他有形动产经营租赁服务	车辆租赁应列明车牌号（如涉及）＋发票租金对应的期间	营改增后取得的有形动产，车辆、设备租赁不配备操作人员
		3%	＊经营租赁＊其他有形动产经营租赁服务		营改增前取得的有形动产，车辆、设备租赁不配备操作人员
		3%	＊经营租赁＊其他有形动产经营租赁服务		营改增前已签订但尚未执行完毕，车辆、设备租赁不配备操作人员
	不动产经营租赁收入❶	9%	＊经营租赁＊住宅经营租赁服务 ＊经营租赁＊商业营业用房经营租赁服务 ＊经营租赁＊其他情况不动产经营租赁服务	不动产详细地址＋租赁期间	营改增后取得的不动产

---

❶ 增值税小规模纳税人取得不动产经营租赁收入适用 5% 的征收率。

续表

开票主体	开票场景	税率/征收率	商品及服务名称	备注内容	注意事项
其他业务	不动产经营租赁收入	5%	＊经营租赁＊住宅经营租赁服务 ＊经营租赁＊商业营业用房经营租赁服务 ＊经营租赁＊其他情况不动产经营租赁服务	不动产详细地址＋租赁期间	营改增前取得的不动产
	转让房屋建筑物收入❶	9%	＊不动产＊建筑物	不动产的详细地址	营改增后取得的不动产
		5%	＊不动产＊建筑物		营改增前取得的不动产
	转让土地使用权收入	9%	＊无形资产＊土地使用权		营改增后取得的不动产
		5%	＊无形资产＊土地使用权		营改增前取得的不动产
	个税手续费返还	6%	＊经纪代理服务＊个税手续费	返还的个税手续费所属年度	
	设备检测收入	6%	＊鉴证咨询服务＊认证服务		
	销售材料、处置利库物资收入	3%	根据具体销售的材料或处置的物资而定		销售使用过的按规定不得抵扣且未抵扣进项税额的材料或物资 当享受以简易办法依照3%征收率减按2%政策时，只能开具增值税普通发票
		13%	根据具体销售的材料或处置的物资而定		销售使用过的但已抵扣进项税额的材料或物资
	委托贷款利息	6%	金融服务＊贷款服务		

❶ 增值税小规模纳税人转让房屋建筑物收入适用5%的征收率。

续表

开票主体	开票场景	税率/征收率	商品及服务名称	备注内容	注意事项
其他业务	住宿业务收入	6%	＊住宿服务＊住宿费		
	业务培训服务收入	6%	＊非学历教育服务＊培训费		
		3%	＊非学历教育服务＊培训费		增值税一般纳税人可选择简易计税
	招标代理服务收入	6%	＊经纪代理服务＊招标代理费		
	外部人员食堂餐费	6%	＊餐饮服务＊餐费		

附录 D 数 电 票 样 式❶

图 D-1 数电票（增值税专用发票）

图 D-2 数电票（普通发票）

---

❶ 此处未列示通常供电公司不涉及的稀土电子发票、农产品收购电子发票、自产农产品销售电子发票。

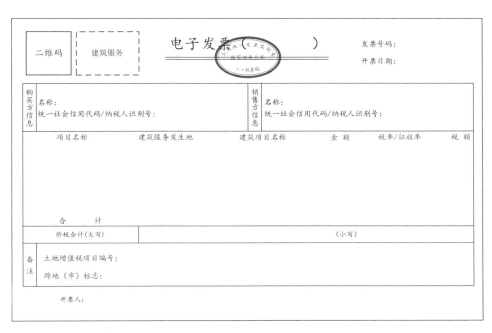

图 D-3　建筑服务数电票

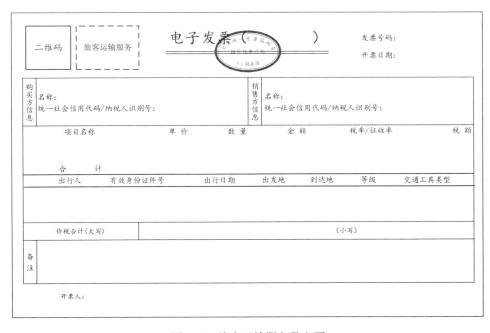

图 D-4　旅客运输服务数电票

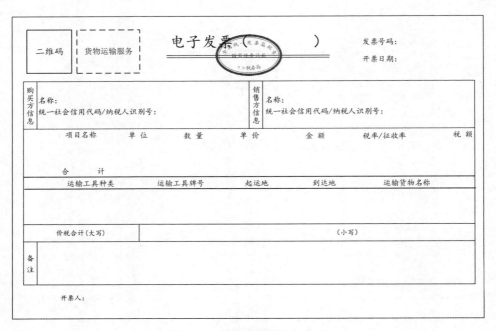

图 D-5 货物运输服务数电票

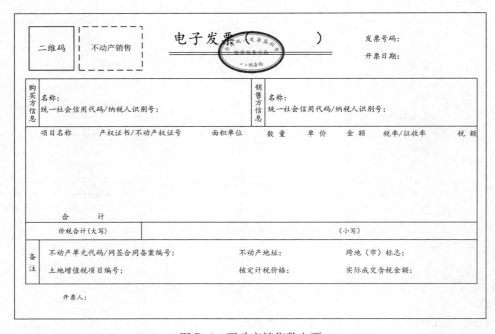

图 D-6 不动产销售数电票

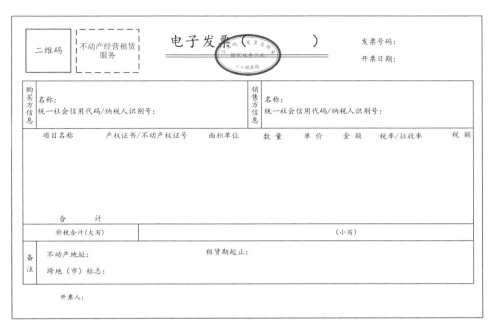

图 D-7　不动产经营租赁服务数电票

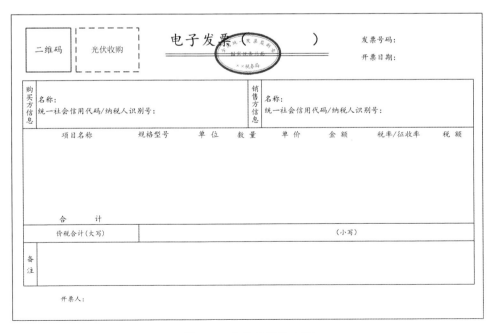

图 D-8　光伏收购数电票

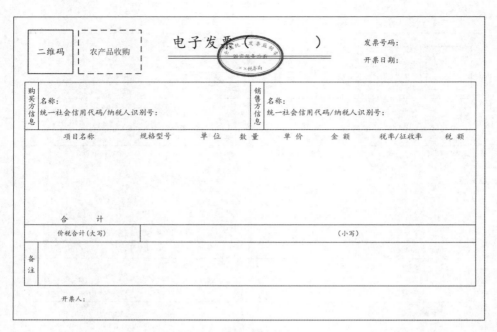

图 D-9 农产品收购数电票

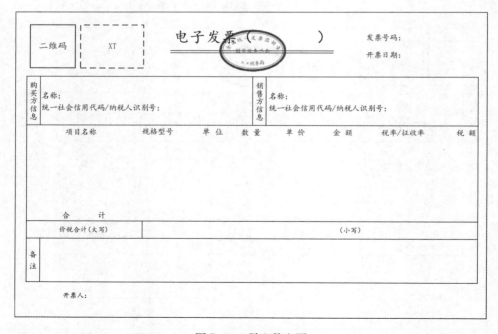

图 D-10 稀土数电票

二维码
代收车船税
电子发票（　　　）
发票号码：
开票日期：
购买方信息 名称：
统一社会信用代码/纳税人识别号：
销售方信息 名称：
统一社会信用代码/纳税人识别号：
项目名称 规格型号 单 位 数 量 单 价 金 额 税率/征收率 税 额
合　　计
价税合计（大写）
（小写）
备注 保险单号： 车牌号/船舶登记号： 税款所属期： 车架号：
代收车船税金额： 滞纳金金额： 金额合计：
开票人：

图 D-11　代收车船税数电票

二维码
自产农产品销售
电子发票（　　　）
发票号码：
开票日期：
购买方信息 名称：
统一社会信用代码/纳税人识别号：
销售方信息 名称：
统一社会信用代码/纳税人识别号：
项目名称 规格型号 单 位 数 量 单 价 金 额 税率/征收率 税 额
合　　计
价税合计（大写）
（小写）
备注
开票人：

图 D-12　自产农产品销售数电票

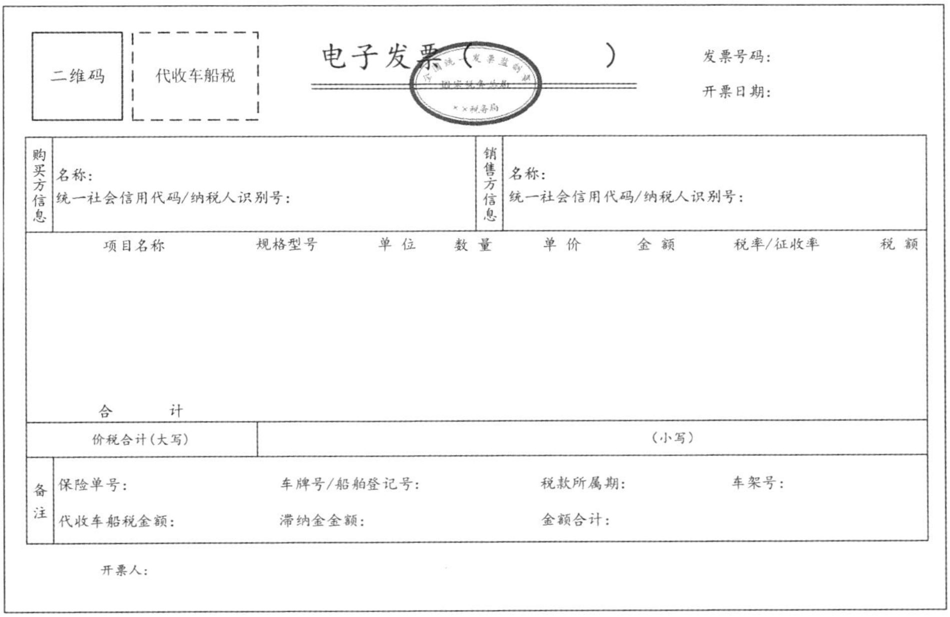

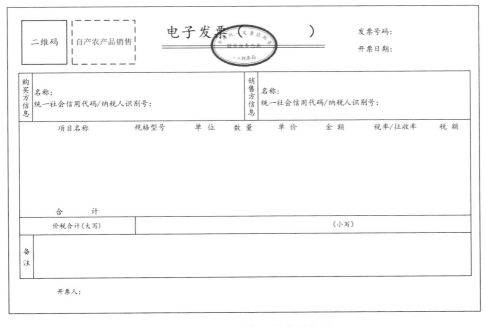

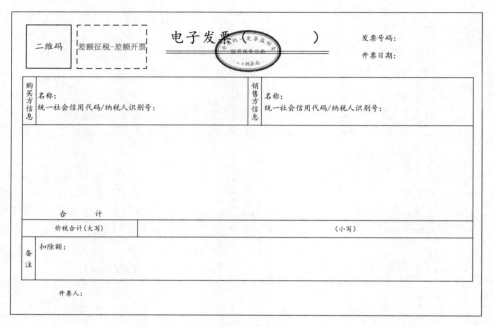

图 D-13 差额征税数电票（差额开票）

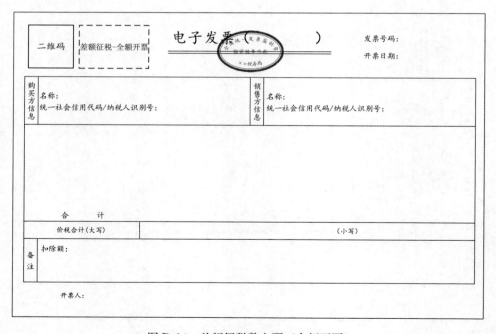

图 D-14 差额征税数电票（全额开票）

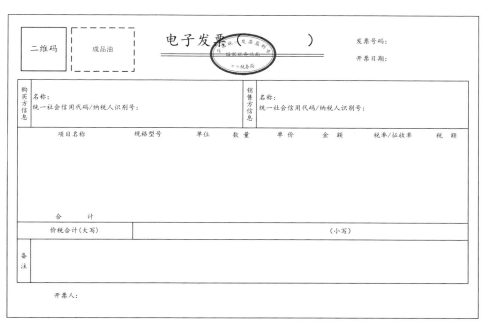

图 D-15 成品油数电票

图 D-16 数电票(航空运输电子客票行程单)

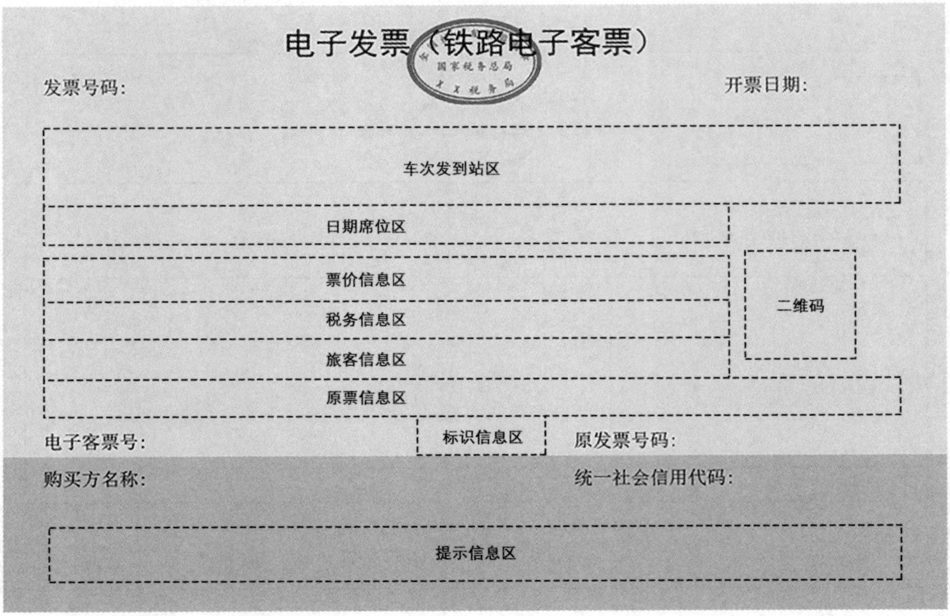
电子发票（铁路电子客票）
国家税务总局
发票号码:
开票日期:
车次发到站区
日期席位区
票价信息区
税务信息区
旅客信息区
二维码
原票信息区
电子客票号:
标识信息区
原发票号码:
购买方名称:
统一社会信用代码:
提示信息区

图 D-17　数电票（铁路电子客票）

附录 E　电子发票档案管理指引参考❶

一、电子发票收集、 整理、 归档

（一）增值税电子发票在线收集、整理、归档

根据《电子发票全流程电子化管理指南》内容，对采用在线报销入账的电子发票在线收集、整理、归档等操作建议如下：

已建立电子会计档案管理系统，并应用业务系统❷（如报销系统❸、开票系统）和会计核算系统❹的单位，电子发票参照《电子会计档案管理规范》要求实行在线收集、整理、归档。

1. 电子会计凭证收集

会计核算系统、业务系统汇总整理属于归档范围的电子会计凭证（如记账凭证、含电子发票的原始凭证）及元数据，并通过归档接口传输至电子会计档案管理信息系统❺。

2. 电子会计凭证整理

收集完成后，应及时对电子会计凭证进行分类、组件❻、组卷、编号等整理操作。

---

❶ 考虑到供电公司普遍已建立电子会计档案管理系统并应用业务系统（如报销系统、开票系统）和会计核算系统，故在本章节不再对已建立电子会计档案管理系统但未应用业务系统和会计核算系统的单位、没有电子会计档案管理系统但应用业务系统和会计核算系统的单位、既没有实施电子会计档案管理系统也未应用业务系统和会计核算系统的单位介绍相应内容，读者如有需要，可查阅《电子发票全流程电子化管理指南》有关章节。

❷ 业务系统，是指除会计核算系统外，其他产生电子会计凭证的办公自动化系统、报销系统、合同管理系统、企业资源计划系统等计算机信息系统。

❸ 报销系统，是指单位为办理报销事项、审批流转及管理会计信息所需的必要的自制或外部会计资料而开发使用的计算机信息系统或软件功能模块。一般具有付款发起、会计资料归集、流转、审核、付款等报销管理功能，是会计核算系统的重要补充。

❹ 会计核算系统，是指单位为进行会计核算而使用的，用于直接采集数据，处理会计业务，生成记账凭证、会计账簿、财务会计报告等会计资料，并对会计资料进行转换、输出、分析和利用的计算机软件、软件系统或软件功能模块。

❺ 电子会计档案管理信息系统，是指单位用于电子会计资料收集、整理、归档以及电子会计档案保管、统计、利用、鉴定、处置等业务的电子档案管理信息系统或软件功能模块。

❻ 件是归档文件的整理单位。组件是指按照要求明确件的构成，并规范件内文件排序的过程，又称件的组织。

分类：推荐采用"会计资料形式—会计年度—保管期限"分类法，并划定"门类号"为会计类（KU）、"形式"为凭证（PZ）、"保管期限"为 30 年。

组件：按记账凭证号进行组件，以电子记账凭证为主件，电子记账凭证、电子报账单、电子发票、其他电子原始凭证等组成一件。件内按电子记账凭证、电子报账单、电子发票、其他电子原始凭证的顺序排列。

组卷：按适当的时间周期对已组件的电子会计凭证进行组卷，卷内按记账凭证号先后顺序排列；案卷按卷号先后顺序排列。实行凭证分类管理的单位，可按类型结合时间进行组卷，一般同类型的电子会计凭证组成一卷。

编号：推荐采用"全宗号—门类号（KU）形式（PZ）—年度—案卷号—件号（卷内序号）"的结构编制档号，案卷号和件号可由 4 位阿拉伯数字标识，不足 4 位的，前面用 0 补足。

同一记账凭证号的会计凭证存在不同记录形式时，可按照记录形式分别进行整理，并以元数据方式记录其关联关系。如记账凭证为电子形式、原始凭证为纸质形式时，记账凭证按电子形式整理，成为一件电子会计档案；原始凭证以纸质形式整理，成为一件纸质会计档案。同时，记账凭证的元数据注明其关联的原始凭证号，在原始凭证适当位置注明对应的记账凭证号。

3. 电子会计凭证归档

经整理的电子会计凭证在会计年度终了后，可由单位会计管理机构临时保管 1 年，再移交单位档案管理机构保管。

临时保管：单位会计管理机构应对进入临时保管的电子会计凭证进行完整性检测。

移交检测：单位档案管理机构应按照《文书类电子档案检测一般要求》（DA/T 70）的有关要求，对单位会计管理机构移交的电子会计凭证档案进行检测，检测合格后方可接收。

移交与接收：检测合格后，单位档案管理机构与会计管理机构应通过线上或线下及时办理交接手续，双方填写《电子会计档案移交与接收登记表》与《电子档案离线存储介质管理登记表》并签字盖章。

保管：电子会计凭证档案应同时实施在线存储和离线存储。在线存储按电子会计档案管理系统运行要求实施，离线存储应使用具有较好耐久性的载体，包括硬磁盘、磁带、DVD 光盘、蓝光光盘、固态硬盘（SSD）、微缩胶片等。有条件的单位，可在此基础上进行异地备份。

（二）数电票的在线收集、整理、归档

数电票的收集、整理、归档方式与增值税电子发票一致。

二、电子发票档案保管

（一）增值税电子发票档案保管

电子发票实现在线归档管理的单位，应为电子发票档案的安全存储配置适当的在线存储设备，档案人员应按以下方式进行检测，发现问题尽快采取措施解决。

1. 归档载体安全性检测

（1）归档载体安全性检测。主要对归档载体的读取速度与常规读取速度进行比对，人工判断归档载体外观有无划痕、是否清洁，对照国家规定判断归档载体是否符合长期存储要求，以保证归档载体安全、可靠。

（2）电子文件病毒检测。主要对系统环境是否安装杀毒软件、对归档信息包及归档电子发票是否感染病毒进行检测，以保证归档电子文件没有感染病毒。

2. 归档电子文件真实性检测

（1）电子文件来源真实性检测。主要通过系统手段对归档电子文件所包含的数字摘要、电子签名、电子印章、时间戳等技术措施进行验证，以保证归档电子文件来源真实。

（2）电子文件内容真实性检测。主要检测归档电子文件的内容数据与元数据或电子台账记录的信息是否一致，检测内容包括电子发票文件名、发票代码、发票号码等，以保证归档电子发票的内容与元数据或电子台账数据一致。

3. 归档电子文件完整性检测

（1）电子文件数据总量检测。主要对归档登记的电子发票数量、字节数与实际归档的电子发票数量、字节数是否相符进行检测，以保证归档登记的电子发票与实际归档情况相符。

（2）电子文件内容完整性检测。主要对电子文件是否有对应的内容数据、内容数据是否齐全完整进行检测，以保证电子发票的内容完整性。

（3）元数据或电子台账完整性检测。主要对电子发票元数据或电子台账是否齐全、完整进行检测，逐项比对电子发票内容数据与元数据或电子台账记录的数据，以保证元数据或电子台账记录的数据齐全、完整。

4. 归档电子文件可用性检测

（1）元数据或电子台账可用性检测。主要对元数据或电子台账是否可以被正常访问、解析、读取进行检测，以保证数据或电子台账的可访问性、可读性。

（2）电子文件内容可用性检测。主要对电子文件的数据格式是否符合归档要求、内容数据是否可以被正常浏览进行检测，以保证电子文件格式符合归档要求、内容数据可读。

（3）电子文件软硬件环境检测。主要对电子文件的软硬件环境进行合规性检测，判断软硬件环境是否符合长期保管要求，以保证电子文件的软硬件环境符合归档要求。

（二）数电票档案保管

数电票的档案管理方式与增值税电子发票一致。

三、电子发票档案利用、鉴定、处置

（一）利用

通过电子档案管理信息系统归档电子发票的单位应按照职务、岗位等的需求赋予员工利用电子发票档案的权限，并为员工在线查询、利用电子发票档案提供便利。

单位保存的电子发票档案一般不得对外借出。确因工作需要且根据国家有关规定必须借出的，应当严格按照规定办理相关手续。借用单位应当妥善保管和利用借入的档案，确保借入电子发票档案的安全完整，并在规定时间内归还。

（二）鉴定

单位应定期对已到保管期限的电子发票档案进行鉴定，形成鉴定意见书。

电子发票档案鉴定工作应由单位档案管理机构牵头，组织单位的会计、信息技术、审计、纪检监察等机构或人员共同进行。

（三）处置

1. 重新划定保管期限

经鉴定，仍需继续保存的电子发票档案，应重新划定保管期限。

保管期届满但涉及未结清债权债务或涉及其他未了事项的电子发票档案不应销毁，应单独抽出立卷或转存，直至未了事项完结为止。单独抽出立卷或转存的电子发票档案，应在电子发票档案鉴定意见书、电子发票档案销毁清册和电子发票档案保管清册中列明。

2. 销毁

经鉴定可以销毁的电子发票档案，一般按照《电子会计档案管理规范》第

13 部分的要求与相关的会计档案一起销毁，也可以按以下程序单独销毁。

（1）由单位档案管理机构输出电子档案销毁清册，列明拟销毁电子发票档案的名称、册数、起止年度、档号、应保管期限、已保管期限、应销毁时间等内容。

（2）单位负责人、档案管理机构负责人、档案管理机构经办人在电子发票档案销毁清册上签署意见。

（3）单位档案管理机构负责组织电子发票档案销毁工作，并与发票管理机构共同派员监销，销毁完成后监销人员在销毁清单上签字。电子发票档案销毁应通过物理删除的方式进行，并进行不可恢复性验证，销毁清册及记录宜输出纸质文件并永久保存。